자비와 겸손의 목자
교황 프란치스코

자비와 겸손의 목자
교황 프란치스코

2025년 6월 25일 초판 1쇄 발행

지은이	김경상·이기우
펴낸이	권이지
편 집	권이지·이정아
인 쇄	성광인쇄
펴낸곳	홀리데이북스
등 록	2014년 11월 20일 제2014-000092호
주 소	서울시 금천구 가산디지털1로 16 가산2차 SKV1AP타워 1415호
전 화	02-6223-2302
팩 스	02-6223-2303
E-mail	editor@holidaybooks.co.kr

ISBN 979-11-91381-19-1 (03230)

협의에 따라 인지를 붙이지 않습니다.
책값은 뒷표지에 있습니다.
잘못된 책은 바꾸어 드립니다.

자비와 겸손의 목자
교황 프란치스코

"예술은 보이는 기도, 기도는 예술의 빛"

김경상 사진집

Ars est oratio visibilis, oratio est lumen artis.
Sapientia Papae Francisci

김경상·이기우

HOLIDAYBOOKS

추천사 |

"교회는 예술로 기도합니다. 바티칸의 벽화는 말씀을 입은 빛입니다."

　이 책에 수록된 내용은 말 그대로 눈으로 드리는 기도이며, 마음으로 보는 복음입니다. 우리는 이 책을 통해, 프란치스코 교황님이 강조하시는 '자비의 교회, 상처를 숨기지 않는 교회'가 어떻게 빛과 색채, 예술의 언어로 전해지는지를 깊이 체험하게 됩니다.
　바티칸은 단지 세계 가톨릭의 중심지가 아닙니다. 그곳은 하느님의 말씀이 돌과 벽, 색채와 형상으로 육화된 '예술의 성전'입니다. 성 베드로 대성당의 한 줄기 햇살, 시스티나 경당의 손끝 하나, 라파엘로와 미켈란젤로의 프레스코화에 담긴 교회의 정체성—모두가 기도요, 복음입니다. 이 책은 그러한 현장들을 사진과 묵상으로 다시 걷게 하는 순례의 길입니다.
　프란치스코 교황님은 "예술은 신앙의 문을 여는 열쇠"라 하셨습니다. 그리고 "고통받는 이들의 상처 속에서 하느님의 얼굴을 보라"고 가르치십니다. 김경상 작가의 렌즈는 이 말씀을 따라, 우리가 무심히 지나치던 풍경과 성화 속에서 빛처럼 조용히 머무는 하느님의 손길을 포착합니다. 예술은 보는 자에게 침묵을 요구합니다. 그리고 기도는 그 침묵 속에서 탄생합니다. 이 책은 교회 안의 찬미가 어떻게 건축과 그림, 몸짓과 색채로 표현되는지를 우리에게 보여주는 신앙과 예술의 만남의 결정체입니다. 단순한 미술사가 아니라, 하늘나라로 향하는 공동체의 미학적 발걸음을 담은 이 책은, 누구에게나 열린 묵상의 초대장이 될 것입니다.
　프란치스코 교황님의 어록을 따라, 우리는 다시금 교회를 '상처 입은 자들의 병원'으로 바라보게 됩니다. 예술이야말로 그 상처를 감싸고 치유하는 하느님의 또 다른 손길임을, 이 책이 조용히 말해줍니다.
　〈교황 프란치스코의 - 예술은 보이는 기도, 기도는 예술의 빛〉을 통해, 독자 여러분이 빛으로 드러나는 하느님의 현존을 마주하시기를 기도합니다.

2025.06
천주교 서울대교구 보좌주교
이경상 바오로

✝이경상 바오로 주교

| 프롤로그 |

하늘나라, 빛이 거처하는 그곳에서

교황 프란치스코께서 2013년, 사도좌에 오르자마자 교회가 "상처 입은 자들의 병원"이 되어야 함을 선언하며, 통치보다 봉사, 권위보다 자비를 앞세운 새로운 사목의 시대를 열었다. 그는 교황으로서의 전통적 형식에서 벗어나, 스스로를 "작은 사람"이라 칭하며, 가장 낮은 이들 곁에 섰다. 그 발걸음은 곧 '하느님의 자비'가 이 땅 위에서 어떻게 구체화되는가를 보여주는 순례가 되었다.

그가 가르친 바와 같이, "예술은 폭력을 치유하려는 인간의 깊은 열망이며, 미는 평화를 요구하는 언어"이다. 이 책은 그런 치유의 언어, 즉 예술을 통해 말 걸어오는 교황 프란치스코의 메시지를 따른다. 카메라 렌즈 너머로 포착된 바티칸의 프레스코화와 조각, 광장과 정원은 단순한 시각적 장식이 아니다. 그것은 하늘과 땅, 보이지 않는 진리와 우리 삶의 구체가 만나는 '성사의 장(場)'이다.

바티칸은 예술의 보물창고인 동시에, 회화로 쓰인 복음이며, 눈으로 드리는 기도이다. 성 베드로의 무덤 위에 선 대성당에서부터 무염시태의 성모, 피에타에 이르기까지, 그 안에는 세월을 견디며 전해진 구속사의 시학이 숨 쉬고 있다. 이 책은 그러한 예술의 현장을 사진과 묵상으로 따라가며, 교황 프란치스코의 삶과 메시지를 그 안에 새겨진 빛과 함께 읽어낸다.

빛은 어둠 속에서 더욱 선명하게 드러나고, 기도는 침묵 속에서 가장 깊게 울려 퍼진다. 그렇게 교회는 상처 입었으나 찬미하고, 부서졌으나 다시 태어나는 공동체로서 지금도 '하늘나라의 그림자'를 품고 서 있다. 이 여정은 단지 과거의 유산을 바라보는 것이 아니라, 지금 여기서 구원이 어떻게 빛으로 드러나고 있는지를 발견하는 기도와 같은 여정이다.

『자비와 겸손의 목자 교황 프란치스코』는 그 빛의 흔적을 따라, 교황의 발걸음과 바티칸 예술의 숨결을 하나로 잇는 이야기이다.

서문 |

성화는 찬미 속에 숨은 빛이다

　신앙은 언제나 보이지 않는 실재를 향해 손을 뻗는 여정이었다. 그러나 그 여정에는 분명한 자취가 남아 있다. 교회라는 이름으로 전승된 전례와 가르침, 성인들의 삶에 새겨진 사랑의 흔적, 그리고 수백 년의 세월을 견디며 지금까지 말없이 우리를 응시하는 예술 작품들—이 모든 것은 눈으로 확인할 수 있는 신앙의 발자취이다.

　교황 프란치스코께서는 말한다. "신앙은 지식이 아니라 만남입니다." 그리고 그 만남은 때로 색과 선, 공간과 침묵을 통해 이루어진다. 바티칸의 회화와 조각, 정원과 벽화는 단지 예술적 유산이 아니라, 하느님과 인류 사이의 '만남의 장(場)'이다. 교황께서 강조하신 대로, "예술은 신앙의 문을 여는 열쇠이며, 눈으로 드리는 기도이다." 성화(聖畵)는 말없이 외치는 찬미요, 세상을 향한 복음의 빛이기도 하다.

　이 책은 바티칸의 예술 속에 깃든 성사의 미학을 조명하며, 우리가 눈으로 보고 마음으로 기도하는 방식의 신앙 여정을 안내한다. 다큐멘터리 사진과 회화 해석을 통해 성경이 전하는 구속의 이야기를 시각적 언어로 다시 풀어내고자 했다. 그 그림들은 단순한 장식이 아니라, 공동체의 고백이요, 세기를 넘어 이어진 하느님의 말씀의 또 다른 형식이다.

　교황 프란치스코께서 보여준 가난과 자비, 겸손과 용서의 영성은 이 책 속에 등장하는 모든 성화와 맞닿아 있다. 성화는 그분이 말한 "자비의 얼굴이신 하느님"을 시각적으로 드러내며, 우리가 잊고 있었던 내면의 빛을 일깨운다. 바티칸의 예술은 바로 그 빛의 언어로, 우리를 하늘나라의 찬미 속으로 이끌고 있다.

　따라서 이 책은 단지 미술사의 해설서가 아니다. 이것은 '빛으로 드러나는 교회'—즉, 상처 입었으나 찬미하고, 침묵 속에서도 노래하는 신앙 공동체의 얼굴을 다시금 마주하는 여정이다. 그리고 그 여정은 지금 이 순간, 우리 안에서 다시 시작된다.

목 차

추천사	4
프롤로그	5
서문	6

1부.
빛으로 드러나는 교회
: 반석, 정원, 상처 위에 피어난 구원의 미학

제1장. 반석 위에 세운 교회: 사도적 전승과 성 베드로 대성당   10
    1-1. 사도의 무덤 위에 피어난 빛: 십자가를 짊어진 목자   11
    1-2. 키워드로 만나는 교황 프란치스코: 상처 입은 교회의 자비로운 순례자   66

제2장. 정원에서 펼쳐지는 구원의 시학   88
    2-1. 바티칸 자르디니 정원: 기억과 위로가 피어나는 곳   89
    2-2. 석조 속에 새겨진 시간과 계시 : 고대 로마, '조각으로 드러난 신화'   154

제3장. 상처 입은 교회와 부활의 예술: 내면화된 영광   167
    3-1. 흩어진 중심, 십자가 위에 머문 교회 아비뇽 : 아비뇽과 교회의 분열, 고난의 기억   169
    3-2. 부활의 전조, 르네상스를 향한 신앙의 예술 : 성인들의 삶과 오르비에토 대성당   182
    3-3. 천사의 성과 우화의 전당 : 알레고리 안에 숨겨진 계시와 섭리의 질서   193

2부.
구원의 벽화, 하늘의 성전으로 펼쳐지다
: 말씀의 궁전, 성화의 전례 미학

제1장. 말씀의 궁전, 성화(聖畵)의 전례가 시작되다   206
    1-1. 라파엘로 산치오: 예술의 절정, 아름다움과 조화의 복음   213
    1-2. 미켈란젤로: 시간과 영원의 경계에서 천상의 드라마   234
    1-3. 미켈란젤로: 시간과 영원의 경계에서 마지막 날의 빛 앞에서   238

제2장. 예표의 그림자에서, 구원의 빛으로   243

제3장. 말씀, 빛으로 채색되다   252
    3-1. 성령의 그늘 아래서, 말씀이 잉태되다   253
    3-2. 빛으로 태어난 사랑   260
    3-3. 성모와 아기 예수, 성사의 그림자   273
    3-4. 공생활의 시작: 하늘나라의 빛, 기적 안에 머물다   282
    3-5. 공생활의 시작: 새 계약의 헌장, 기적 안에 머물다   286
    3-6. 사랑의 절정, 고통 안에 깃든 구원 새 계약의 만찬, 수난과 부활의 약속   294
    3-7. 수난과 부활의 약속   300

제4장. 부활의 아침, 교회로 피어난 빛 : 죽음을 이긴 사랑과 공동체의 탄생   306
    4-1. 새벽의 빛, 죽음을 꺾은 생명의 말씀   306
    4-2. 반석 위에 세운 교회, 순교 위에 피어난 공동체   312

1부.
빛으로 드러나는 교회

반석, 정원, 상처 위에 피어난 구원의 미학

Ecclesia in luce revelata:
Pulchritudo salutis florens
super petram,
hortum et vulnera

제1장.
반석 위에 세운 교회:
사도적 전승과 성 베드로 대성당

제1장은 성 베드로 대성당이라는 '반석 위의 교회'에서 시작된다. 이는 단지 웅장한 건축물이 아니라, 사도 베드로의 무덤 위에 세워진 구원의 장막이자 교회의 심장이다. 오벨리스크와 중심축을 따라 펼쳐진 공간은 천상과 지상이 만나는 신학적 좌표이며, 그 중심에는 교회의 열쇠를 맡은 베드로 사도의 상징이 살아 숨 쉰다. 교회는 사도의 피 위에 세워졌고, 그 위에 높이 솟은 베르니니의 발다키노는 제대 위에 쏟아지는 하늘빛을 향해 손을 뻗는다.

이 여정은 곧 '십자가를 짊어진 목자'들의 삶으로 이어진다. 베드로 사도, 비오 10세, 프란치스코 교황 등에 이르기까지, 교회의 어버이들은 시대의 고통을 짊어지고 믿음의 길을 인도해 왔습니다. 프란치스코 교황의 키워드는 그 자체로 복음의 언어이며, 자비와 겸손, 생명과 정의, 희망의 빛을 따라 걷는 순례자의 고백이다.

그리고 마침내, 우리는 바티칸 지하에 잠든 교황들의 무덤 앞에 이르게 된다. 그곳은 '기억된 육신'이 잠들고, 부활을 기다리는 믿음의 자리이며, 전례와 기도가 살아 있는 시간의 제단이다. 이 무덤들은 종의 길을 걸은 자들의 마지막 봉헌이자, 십자가의 영광을 증언하는 조용한 빛의 공간이다.

이 장을 통해, 당신은 교회가 걸어온 길을 함께 걷게 된다. 단지 역사를 배우는 것이 아니라, 지금 이 순간 교회의 심장 박동 속으로 초대받는 것이다. 바티칸의 돌 한 장, 조각 하나가 당신 안의 신앙을 일깨우는 성사가 될 것이다. 함께 그 문턱을 넘어, 교회라는 살아 있는 이야기에 발을 들여놓아 보는 기회이다.

1-1. 사도의 무덤 위에 피어난 빛: 십자가를 짊어진 목자

 이 장은 성 베드로 대성당, 곧 사도 베드로의 무덤 위에 세워진 믿음의 중심에서 시작된다. 오벨리스크와 중심축은 하늘과 땅의 회합을 상징하고, 열쇠를 받은 베드로의 신앙은 교회의 토대가 된다. 발다키노 아래 제대는 순교와 희생의 자리이며, 성 요셉 제대와 비오 10세 교황의 유산은 그 믿음의 깊이를 더한다. 성 베드로 상 앞에서 주님의 질문, "너는 나를 사랑하느냐?"에 교황들은 삶으로 응답했다. 지하의 무덤들은 단지 과거가 아닌 부활을 기다리는 '거룩한 잠듦'이며, 우리는 이 여정을 통해 교회가 어떻게 세워졌는지를 신앙으로 체험하게 된다.

피에로 델라 프란체스카의 〈에라클리오와 코즈로에의 전쟁〉은 종교와 정치가 교차하는 역사 속에서 성 십자가의 회복을 중심으로 한 신적 승리를 시각화한 작품이다. 이 장면은 페르시아 왕 코즈로에가 약탈한 십자가를 비잔틴 황제 에라클리오가 되찾는 전설적 사건을 배경으로 하며, 십자가가 단지 성물에 그치지 않고 신앙과 제국의 정당성을 상징하는 표지가 됨을 드러낸다. 피에로는 극적인 구도와 색채의 대비, 정교한 인물 배치로 혼란 속에서도 드러나는 신적 질서와 승리를 강조하며, 십자가가 단순한 전리품이 아니라 하느님의 현존과 구원의 능력을 담은 표징임을 강하게 환기한다. 이 작품은 역사적 서사를 넘어, 십자가가 인류 구원 여정의 중심에 있다는 신학적 진리를 장엄한 회화 언어로 선포한다.

〈에라클리오와 코즈로에의 전쟁〉

La Battaglia di Eraclio e Cosroe

피에로 델라 프란체스카

1452-1460 / 아프레그라피 / 산 프란치스코 성당 / 아레초 /

2부. 구원의 벽화, 하늘의 성전으로 펼쳐지다 | 319

〈세 개의 십자가 중 그리스도의 십자가를 찾다〉
Pitrovamento delle Tre Croci il Riconoscimento della Vera Croce
피에로 델라 프란체스카
1452-1460 / 아프레그라피 / 성 프란치스코 성당 / 아레초 /

| 14 | 자비와 겸손의 목자 **교황 프란치스코**

천상과 지상의 회합
〈오벨리스크와 중심축의 신학〉

이집트의 오벨리스크가 대성전의 중심축에 섬으로써, 이교의 상징이 복음의 중심으로 변형되었고, 이는 레오 13세가 회칙 '불멸의 하느님"(Immortale Dei)에서 강조한 "세속 질서와 교회 질서의 조화"를 예술로 드러낸다.

빛으로 열리는 품 〈성 베드로 광장〉

광장을 감싸는 베르니니의 팔은 "은총의 어머니인 교회의 자비로운 품"을 상징하며, "하늘은 하느님의 영광을 전하고 궁창은 그분 손의 업적을 알린다"(시편 19,2)는 말씀을 형태로 드러낸다.

열쇠를 받은 사람 〈베드로 사도와 교회의 반석〉

문지기 사도와 천국의 열쇠 〈성 베드로 사도〉

그는 처음부터 강한 사람이 아니었다. 어부였고, 혈기 넘쳤으며, 결정적 순간에 예수를 세 번이나 모른다고 말한 사람이었다.
하지만 그 베드로에게, 예수께서는 말씀하셨다:
"너는 베드로이다. 내가 이 반석 위에 내 교회를 세우리라." (마태 16,18)
그 말씀은 단지 한 인간에게 권위를 부여한 장면이 아니다.
그것은 회개한 인간에게 하느님께서 맡기신 책임의 선언이었다.
그날 예수께서는 또 말씀하셨다:
"하늘나라의 열쇠를 너에게 주겠다.
땅에서 매면 하늘에서도 매이고, 풀면 하늘에서도 풀릴 것이다." (마태 16,19)
열쇠는 단순한 상징이 아닙니다.
그것은 하늘과 땅을 잇는 권한, 용서와 화해, 판단과 사목의 실제적인 책임이다.
요한 복음에서 예수는 부활 후 제자들에게 숨을 불어넣으며 말씀하십니다:
"너희가 누구의 죄든지 용서해 주면, 그 죄는 용서받을 것이다." (요한 20,23)
이 말은 성품성사와 화해성사의 기초가 되었고,
교회는 지금도 그 권능을 사랑 안에서의 책임으로 실현하고 있다.
베드로는 그 약함 속에서 다시 일어났고,
결국 로마에서 순교함으로써 진정한 목자로서의 삶을 마무리한다.
그의 뒤를 이은 교황직은 단절되지 않은 사도직의 연속이며,
하늘나라를 향한 교회의 여정을 이끄는 봉사의 열쇠이다.
이 장면은 통치의 교만이 아니라, 사랑으로 묶고 용서로 푸는 교회적 책임의 시작이다.
그리고 오늘도, 그 열쇠는 겸손히 쥐어진 채,
하늘과 땅을 잇는 사목의 문을 열고 있다.

"교회의 권위는 지배하는 권세가 아니라, 봉사하고 열어주는 열쇠의 권위입니다." (2013년 즉위 후 첫 강론) - 교황 프란치스코

〈성마리아 마지오레 성당 천정화〉

20 | 자비와 겸손의 목자 **교황 프란치스코**

지상의 천상 예루살렘 〈성 베드로 대성당의 전경〉
Veduta della Basilica di San Pietro
18세기 중반 / 유화 / 로마 천사의 성 / 로마

대성전의 전경은 계시록의 묘사처럼 "하늘에서 내려온 새 예루살렘"(묵시 21,2)을 예표하며, 신자들의 순례 여정에 도상적 안내가 된다.

22 | 자비와 겸손의 목자 **교황 프란치스코**

성 베드로 대성당을 그린 회화에 담긴 시대의 시선
〈현대 로마의 풍경을 담은 그림 갤러리〉
Galleria d'arte con paesaggi della Roma moderna
조반니 파오로 파니니
1757-1759 / 유화 / 루브르 박물관 / 파리

24 | 자비와 겸손의 목자 **교황 프란치스코**

〈성 베드로 대성당〉
Il luogo rituale che unisce il cielo e la terra

하늘과 땅을 잇는 제의의 장소
: 〈성 베드로 대성당 내부 구조와 성사적 배치〉

Veduta della Basilica di San Pietro

18세기 중반 / 사진 / 성 베드로 대성당 성전 /
뉴욕 메트로폴리탄 뮤지엄

〈하늘과 땅을 잇는 제의의 장소〉
Il luogo rituale che unisce il cielo e la terra

성 베드로 대성당 중앙, 사도 베드로의 무덤 위에 세워진 베르니니의 **발다키노(Baldacchino)**는 단순한 예술 작품이 아닙니다. 이는 *성막의 전통*을 계승한 **신앙의 장막**으로, 하느님의 현존이 머무는 제단 위에 드리운 보호와 영광의 덮개입니다. 네 개의 비틀린 기둥은 구약의 **솔로몬 성전**을 상기시키며, 유대교의 성소와 그리스도교의 제대를 잇는 상징입니다. 고대의 기둥은 비틀려 있지만, 신앙의 중심은 흔들리지 않습니다. 발다키노는 바로 그 중심에서 **교황의 제대**를 감싸며, **사도적 계승(apostolica successio)**과 **교회의 권위, 성찬례의 신비**를 눈으로 볼 수 있게 시각화합니다. 교황 우르바노 8세의 후원 아래 세워진 이 바로크 양식의 구조물은, 말 없이 선언합니다: "이 반석 위에 내 교회를 세우리라." 교회는 여전히 그 자리에서, 하늘의 빛을 기다리는 인류의 제단입니다.

〈성 베드로 무덤 위에 세워진 베르니니 발다키노와 희생 제사의 청동 제대〉
Il Baldacchino di Bernini e l'altare bronzeo del sacrificio

잔 로렌초 베르니니

1623-1634 / 브론즈 / 성베드로대성당 / 바티칸

1961년 3월 19일, 교황 요한 23세는 사도 서한 Le Voci에서 성 요셉을 제2차 바티칸 공의회의 수호성인으로 지명하면서, 로마의 성 베드로 대성당에 있는 성 요셉 제대가 "더욱 새롭고 충만하며 더욱 엄숙한 화려함을 지니기를" 촉구했다.

1963년 3월 19일, 교황은 여기에 나와 있는 새로운 모자이크를 축복했다. 축복 후 그는 이렇게 말했다. "오늘 성당에 들어서면서 저는 성 요셉의 새로운 상을 성인의 제대 위에 바쳤습니다. 마리아의 지극히 정결한 정배이자 예수의 수호자이신 분께 경의를 표하는 행위로, 이 예식을 직접 거행하도록 권고받았습니다. 이는 이 위대한 그리스도교 성전 안에서 성 교회의 수호자이자 제2차 바티칸 공의회의 수호성인인 성 요셉께 대한 헌신을 장려하고자 하는 저희의 가장 간절한 소망을 이루기 위함입니다."
가정의 수호자인 요셉의 모자이크는 *"가정은 첫 교회이며, 하느님의 음성이 들리는 곳"*(프란치스코 교황, 가정의 기쁨)이라는 메시지를 묵상으로 초대한다.

성가정: 〈성 요셉 제대와 모자이크의 성가정 신심〉
L'altare di San Giuseppe e la devozione della Sacra Famiglia nel mosaico
1961-1963 / 모자이크 / 성 베드로 대성당 성 요셉 제대 / 바티칸

성 베드로 대성당 앞 〈사도들의 으뜸인 성 베드로 성인상〉

교회의 어버이 〈지극히 거룩한 교황 비오 10세〉
Padre della Chiesa: 〈L'eredità orante di Papa Pio X〉

피에르 엔리코 아스토리

1923 / 조각 / 성 베드로 대성당 피터스돔 / 바티칸

성체 신심을 일으킨 교황 비오는 "기도는 교회의 폐이며, 희망은 그 혈관이다"라고 하였으며, 교회의 내면적 쇄신을 기도와 연계시킨다.

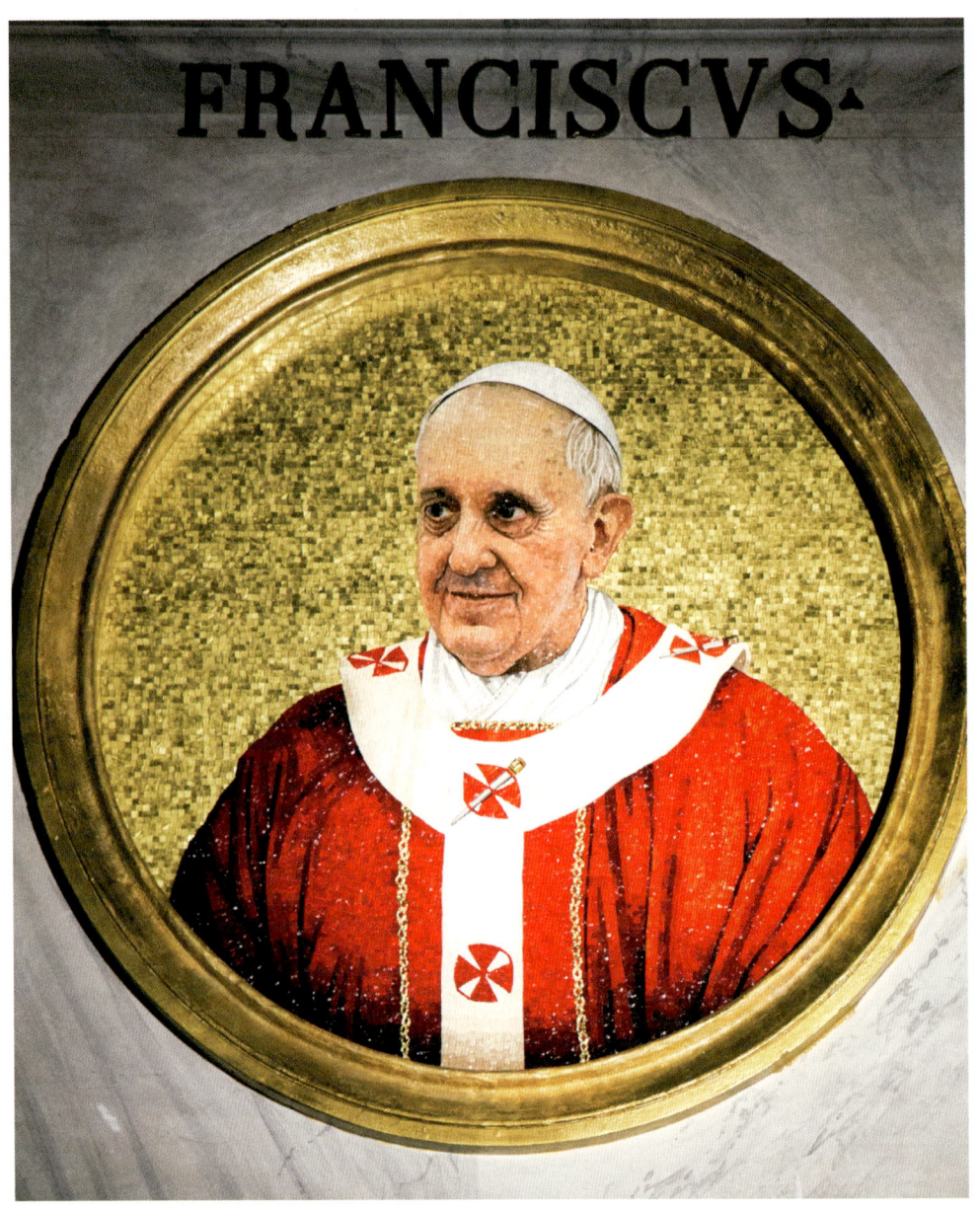

로마 성바오로 대성당
역대 교황 천정 초상화 중 교황 프란치스코

성체 신심을 일으킨 교황 비오는
"*기도는 교회의 폐이며,
희망은 그 혈관이다*"라고 하였으며, 교회
의 내면적 쇄신을
기도와 연계시킨다

교황 프란치스코
(성 베드로 광장 2014.09)
St. Peter's Square, Papa Francesco

〈교황 프란치스코〉
St. Peter's Square, Papa Francesco, 2014.09

42 | 자비와 겸손의 목자 **교황 프란치스코**

바티칸 교황들의 무덤
: 기억과 희망의 성사적 공간

1. 기억된 육신의 자리 - Locus Sanctus
"반석 위에 세운 교회"의 현존
바티칸은 단지 건축물이 아니라, 사도적 계승(apostolica successio)이 육화된 장소이다.
성 베드로 사도의 무덤을 중심으로 이어지는 교황들의 무덤은 "기억된 육신", 즉 교회의 신앙이 시간 안에서 구체화된 거룩한 땅이다.
여기서 무덤은 더 이상 끝이 아닌 시작이며, 과거의 증언이 현재의 교회를 붙들고 있는 토대가 된다.

"이 무덤 위에, 나는 내 교회를 세우겠다." (cf. 마태 16,18)

2. 잠듦과 부활의 문 - Dormitio et Exspectatio
무덤, 고요한 부활의 문턱
무덤은 성서 안에서 단지 죽음을 의미하지 않는다.
그것은 잠듦(dormitio)이며, 주님의 날에 일어나리라는 희망의 서막이다.
교황들의 무덤은 "나는 부활이요 생명이다"(요한 11,25)는 약속 안에 놓인 신앙 공동체의 심장부이다.
그들은 죽은 것이 아니라, 기도하는 교회와 함께 '기다리는 이들'이다.

3. 전례와 살아 있는 기억 - Altare memoriae
미사와 전례가 이어지는 성사의 심장**
교황의 무덤은 전례의 확장된 공간이다.
바티칸 동굴(Confessio Vaticana)은 단지 매장지가 아니라, 교회의 신앙이 성찬례 안에서 다시 호흡하는 장소이다.
이곳에서 봉헌되는 미사는, 말씀과 성체 안에 현존하는 그리스도께 교회의 어머니가 드리는 침묵의 응답이다.

그들의 무덤 앞에서 거행되는 전례는, 교회의 뿌리가 어디에 있는지를 기억하게 한다.

4. 기도와 순례의 여정 - *Ad limina Petri*

신자들의 발걸음이 이어지는 기도의 터**

역대 교황들의 무덤은 살아 있는 기도의 현장이다.

이곳은 교회 전체가 순례자로서의 정체성을 회복하는 지점이며,

"나는 너희를 기억의 빵으로 남긴다"(루카 22,19)는 말씀처럼, 그들의 삶은 현재의 양식이 되어 신자들에게 전달된다.

"무덤은 끝이 아니라 희망의 문입니다. 교회는 그 문 앞에서 기도하고, 그 문 너머를 바라봅니다." (모든 영혼의 날 묵상) - 프란치스코 교황

5. 낮아짐 속의 높아짐 - *Via Humilitatis, Gloria Crucis*

교황 장례의 전례와 교회의 얼굴**

역대 교황들의 장례는, **"낮아짐 속에서 드러나는 높아짐"**이라는 역설적 전례이다.

그들의 죽음은 권세의 소멸이 아니라, 복음 안에서 자신을 내어주는 사랑의 마침표이다.

이 장례는 "주님의 종"으로서 교회를 섬긴 자가 하느님 품으로 돌아가는 고백의 예식이다.

48 | 자비와 겸손의 목자 **교황 프란치스코**

〈바티칸 교황들의 무덤〉
낮아짐의 길, 종의 장례

〈바티칸 교황들의 무덤〉
낮아짐의 길, 종의 장례

50 | 자비와 겸손의 목자 **교황 프란치스코**

〈바티칸 교황들의 무덤〉
낮아짐의 길, 종의 장례

〈바티칸 교황들의 무덤〉
낮아짐의 길, 종의 장례

〈바티칸 교황들의 무덤〉
살아 있는 전례와 기억의 제대

〈바티칸 교황들의 무덤〉
거룩한 장소, 사도적 계승의 토대

〈바티칸 교황들의 무덤〉
거룩한 장소, 사도적 계승의 토대

〈바티칸 교황들의 무덤〉
거룩한 장소, 사도적 계승의 토대

〈바티칸 교황들의 무덤〉
거룩한 장소, 사도적 계승의 토대

〈바티칸 교황들의 무덤〉
'베드로의 문턱'에서 이루어지는 순례

〈바티칸 교황들의 무덤〉
잠듦, 부활을 기다리는 신앙의 자세

〈바티칸 교황들의 무덤〉
잠듦, 부활을 기다리는 신앙의 자세

60 | 자비와 겸손의 목자 **교황 프란치스코**

〈바티칸 교황들의 무덤〉
잠듦, 부활을 기다리는 신앙의 자세

〈바티칸 교황들의 무덤〉
잠듦, 부활을 기다리는 신앙의 자세

⟨바티칸 교황들의 무덤⟩
잠듦, 부활을 기다리는 신앙의 자세

⟨바티칸 교황들의 무덤⟩
십자가의 영광, 죽음을 통한 부활의 승리

〈바티칸 교황들의 무덤〉
십자가의 영광, 죽음을 통한 부활의 승리

〈바티칸 교황들의 무덤〉
십자가의 영광, 죽음을 통한 부활의 승리

1-2. 키워드로 만나는 교황 프란치스코: 상처 입은 교회의 자비로운 순례자

키워드로 만나는 교황 프란치스코: 상처 입은 교회의 자비로운 순례자

교황 프란치스코는 상처 입은 세상과 교회를 향해 자비와 겸손으로 다가서는 목자이다. 그분의 메시지는 단순한 교의가 아니라, 삶으로 증언하는 복음의 여정이며, 믿음의 언어로 빚어진 키워드 하나하나가 하느님의 마음을 가리킨다. "Ecclesia Vulnerata(상처 입은 교회)"는 현실의 아픔을 외면하지 않고, 그 안에서 치유와 연대를 추구하는 교회의 모습이다. "Misericordia(자비)"와 "Humilitas(겸손)"은 인간을 향한 하느님의 마음이요, 우리가 서로를 대하는 자세이기도 한다.

"Paupertas Evangelica(복음적 가난)"는 나눔의 정신을, "Via Crucis, Via Spei(고난의 길, 희망의 길)"는 십자가를 통해 드러나는 사랑의 능력을 상기시킨다. "Oratio Silens(침묵의 기도)"는 말보다 깊은 신뢰의 자리를, "Maria, Sacramentum Misericordiae(자비의 성사이신 성모)"는 어머니의 얼굴을 떠올리게 한다.

환경과 생명을 아우른 "Creatio Laudans(찬미하는 피조물)"과, 시대를 향한 외침 "Iustitia Restitutiva(회복의 정의)", "Evangelium Pacis(평화의 복음)", "Veritas Incarnata(육화된 진리)"는 우리가 되살펴야 할 복음의 본질이다.

그의 키워드는 단지 말이 아닌 길이며, 교회가 다시 복음의 뿌리로 돌아가야 할 삶의 언어이다. 또한, 누구에게나 열려 있는 초대장이다. 모두가 각자의 방식으로 응답할 수 있고, 작은 실천 하나로 시작할 수 있다. 교황 프란치스코는 말했다. "자비는 교회의 신분증입니다." 지금 우리에게 필요한 건, 이 언어들을 가슴에 새기고 살아가는 용기이다.

교황 프란치스코 의 키워드
Ecclesia Vulnerata - 상처 입은 교회

68 | 자비와 겸손의 목자 **교황 프란치스코**

교황 프란치스코의 키워드
Misericordia - 자비
St. Peter's Square, Papa Francesco

교황 프란치스코의 키워드
Humilitas - **겸손**

70 | 자비와 겸손의 목자 **교황 프란치스코**

교황 프란치스코의 키워드
Dialogus et Cultura - 대화와 문화

교황 프란치스코의 키워드
Spiritus Sanctus Renovans - 쇄신하시는 성령

72 | 자비와 겸손의 목자 **교황 프란치스코**

교황 프란치스코의 키워드
Claves Regni - 하늘나라의 열쇠

교황 프란치스코의 키워드
Sacramentum Vitae - 생명의 성사
Papa Francesco 한국 해미성지 2014.09

74 | 자비와 겸손의 목자 **교황 프란치스코**

교황 프란치스코의 키워드
Paupertas Evangelica - 복음적 가난

교황 프란치스코의 키워드
Via Crucis, Via Spei - **고난의 길, 희망의 길**

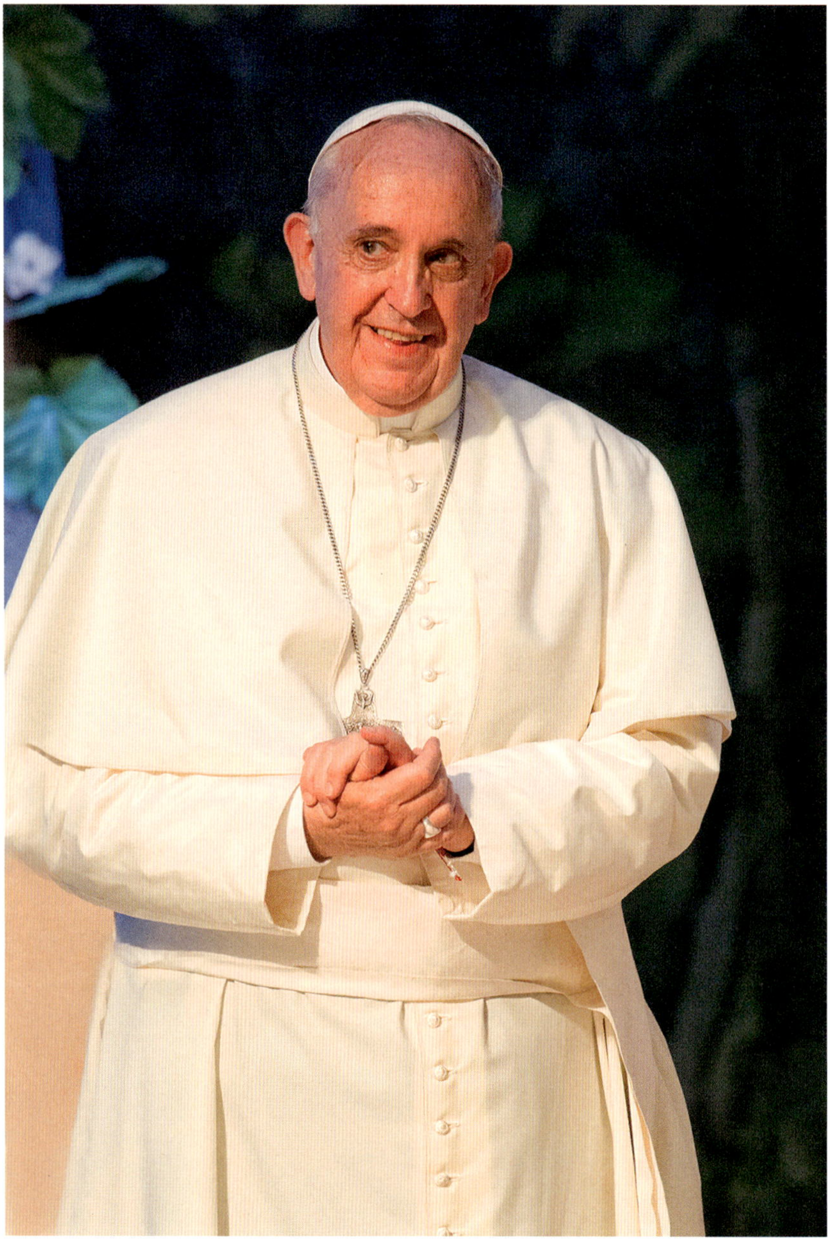

교황 프란치스코의 키워드
Oratio Silens - 침묵의 기도

교황 프란치스코의 키워드
Maria, Sacramentum Misericordiae - **자비의 성사이신 마리아**

교황 프란치스코의 키워드
Creatio Laudans - 찬미하는 피조물

교황 프란치스코의 키워드
Iustitia Restitutiva - 회복의 정의

80 | 자비와 겸손의 목자 **교황 프란치스코**

교황 프란치스코의 키워드
Evangelium Pacis - 평화의 복음

교황 프란치스코의 키워드
Veritas Incarnata - 육화된 진리

교황 프란치스코의 키워드 |
Peregrinatio Fidei - 믿음의 순례

"*나는 가난한 교회, 가난한 이를 위한 교회를 꿈꿉니다*"는 프란치스코의 어록은 교황직을 '왕좌'가 아닌 '신발을 벗은 발걸음'으로 재해석하게 한다.

교황 프란치스코의 키워드
Vita Dignitatis Plena - 존엄으로 가득한 삶

84 | 자비와 겸손의 목자 **교황 프란치스코**

교황 프란치스코의 키워드
Lux Resurrectionis - 부활의 빛
Korea Haemi Holy Land, Papa Francesco, 한국 솔뫼성지 2014.08

교황 프란치스코의 키워드
Fiat Libertatis - 자유의 '예'

교황 프란치스코의 키워드
Gaudium Veritatis - 진리의 기쁨

교황 프란치스코와 성직자부 장관 추기경 유흥식 라자로

제2장.
정원에서 펼쳐지는 구원의 시학:
바티칸 정원과 박물관에서 만나는 신앙과 문명의 조각들

　바티칸 자르디니 정원과 바티칸 박물관은 시간과 신앙, 예술이 어우러지는 두 개의 세계입니다. 자르디니는 교황의 묵상과 기도의 공간으로, 성 미카엘 대천사상과 루르드·파티마·과달루페 성모상 등, 상징적 성상들이 평화롭게 자리하고 있습니다. 고대 로마 양식을 따온 분수나 석주, 청동 솔방울 조각(폰타나 델라 피냐 복제품)은 자연과 신앙의 조화를 이룹니다. 반면, 박물관은 고대 그리스·로마 조각의 정수로, 〈라오콘 군상〉의 고통, 〈아폴로 벨베데레〉의 이상미, 〈아우구스투스의 두상〉의 권위와 야망이 대리석에 새겨져 있습니다. 티베르 강의 신상과 황제 석관은 인간의 권력과 신화가 어떻게 예술로 승화되는지를 보여줍니다. 이 조각들은 단순한 유물이 아닌 형상의 복음서입니다. 바티칸을 찾는다면, 이 돌의 침묵 속에서 당신 안의 오래된 이야기들이 다시 살아날지도 모릅니다. 고대 조각은 단지 과거의 유산이 아니라, 신앙과 미학이 만나는 살아 있는 서사다.
　이 정원은 말 없는 조각들이 하느님의 이야기를 전하는 돌의 복음서가 되는 곳이다.

2-1. 바티칸 자르디니 정원: 기억과 위로가 피어나는 곳

바티칸의 자르디니 정원은 단지 숨겨진 초록 공간이 아닙니다.
교황청의 역사와 영성, 라틴 전통과 이탈리아 자연, 중세 수도원의 침묵과 현대 생태의 기도가 공존하는 살아 있는 성소입니다.
정원을 걷다 보면,
하늘을 올려다보는 조각상들,
아기를 안은 여인, 두 손을 모은 성모들이
말없이 그 자리에 서 있습니다.
검을 든 성 미카엘 대천사상은 어둠을 지키는 고요한 수호자처럼,
그 곁의 성모 마리아상들은
각기 다른 얼굴로 병든 이, 외면당한 이, 길 잃은 이들을 품고 있습니다.
국적은 달라도, 그녀는 언제나 같은 어머니입니다.
침묵 속에서 "나는 너를 보고 있어"라 속삭이는 듯한 얼굴.
자르디니는 말없는 순례지입니다.
그 길을 걷는 순간, 당신도 느낄 것입니다.
이곳은 하늘과 땅이 맞닿는 가장 조용한 기도의 장소라는 것을.
바티칸 정원은 *"보라, 세상에 남은 에덴의 숨결이다"*(프란치스코 교황)라는 말처럼, 자연 안의 계시, 조각 안의 묵상을 유도한다.

90 | 자비와 겸손의 목자 **교황 프란치스코**

바티칸 교황청 자르디니 정원, 베드로 성인상과 어부의 집 기도소

바티칸 정원은 *"보라, 세상에 남은 에덴의 숨결이다"*(교황 프란치스코)라는 말처럼, 자연 안의 계시, 조각 안의 묵상을 유도한다.

바티칸 교황청 자르디니 정원

이 정원은 단순한 조경 공간이 아니라, 교황청의 영성과 역사가 식물과 상징, 침묵과 기도 속에 새겨진 곳이다. 라틴 전통과 이탈리아 자연, 종교적 상징성과 묵상의 시간이 어우러져 있는 곳이다. 중세 수도원 정원의 명상적 유산과, 르네상스 인본주의의 조화, 현대 생태 영성까지 담고 있어 바티칸의 '숨겨진 심장'이라 불릴 만하다.

1부. 빛으로 드러나는 교회 | 93

바티칸 교황청 자르디니 정원

고요한 정원, 하나의 어머니 - 자르디니 바티카니

바티칸의 자르디니 정원은 단순한 나무와 꽃으로 채워진 공간이 아닙니다.
이곳은 전 세계의 언어, 눈물, 소망이 조용히 모여드는 곳,
그리고 우리 모두가 잊고 지냈던 어머니의 품을 떠올리게 하는 장소입니다.
정원 한가운데엔 천사를 닮은 동상이 서 있고,
하늘을 바라보는 얼굴들, 아기를 안은 여인, 두 손을 모은 조각들이
고요히 자신만의 이야기를 들려줍니다.
그중에서도 성 미카엘 대천사상은, 검을 쥐고 어둠과 싸우는 천상의 수호자처럼
이 세상 안의 고통과 부조리를 거슬러 서 있는 인간의 마지막 희망을 닮았습니다.
그리고 그의 곁에는, 전 세계에서 온 수많은 성모 마리아 상들이
모양도 다르고 표정도 다르지만, 똑같은 마음으로 사람들을 바라보고 있습니다.
루르드의 성모는 병든 이를 위해, 과달루페의 성모는 외면당한 이들을 위해,
파티마의 성모는 길을 잃은 이들을 위해 존재합니다.
검은 성모는 상처받은 이들의 편에 서 있습니다.
그녀들은 국적도, 피부색도 다르지만
언제나 같은 어머니의 얼굴입니다.
말보다 더 깊은 이해, 가르침보다 더 다정한 동행으로,
자르디니 정원의 성모들은 말합니다:
"나는 너를 보고 있어. 네가 울 때, 나도 함께 울었어.
그리고 지금도, 여전히 너를 기억하고 있어."
이 정원을 걷다 보면, 종교를 넘어서
누구나 한 번쯤 불러보고 싶었던 이름,
누구나 가슴에 품었던 위로의 얼굴을 만나게 됩니다.
그리고 그 고요한 숲속에서, 들꽃 향기 사이로
하늘과 땅을 잇는 누군가의 속삭임이 들립니다:
"여자여, 당신의 이름을 부릅니다." (루카 1,28)

하늘의 수호자, 성 미카엘 대천사상

바티칸 자르디니의 한 귀퉁이, 검을 든 천사가 고요히 서 있다. 그는 **성 미카엘 대천사**, 하늘과 땅 사이를 지키는 **믿음의 전사**다. 성경은 말한다: *"미카엘이 싸워 이기리라"*(묵시 12,7). 그 말처럼, 그는 빛과 어둠이 마주할 때 항상 **정의의 편에 선다**.

미카엘의 모습은 단지 무장을 한 전사가 아니다. 그는 **진실을 지키는 용기, 두려움 앞에 맞서는 침묵, 악과 타협하지 않는 정직함**을 보여준다. 교회는 그를 '전투하는 교회'의 상징으로 바라보며, 우리가 싸워야 할 것은 사람이나 이념이 아니라 **거짓과 절망, 무관심의 그림자**라고 말한다.

마돈나 델라 가르디아: 복되신 동정녀 은총의 보호자, 중재자 어머니

바티칸 자르디니의 원통형 기둥 위, 하늘과 맞닿은 듯한 곳에 서 있는 성모상은 곧 '수호의 성모'다. 1917년 제노바 시민들이 교황 베네딕토 15세에게 헌정하였다. 15세기 농부 베네데토 파레토에게 발현한 성모 마리아가 산 위에 성소를 세우라 했던 전설에서 유래했다. 성모는 두 팔을 내린 채 몸을 기울여 정원을 굽어 보고 있다. 이 모습은 **항상 깨어 있는 보호자, 고요한 중재자**로서의 성모를 상징한다. 높은 자리에 있지만 멀지 않은, 언제나 우리를 지켜보며 말없이 동행하는 어머니. 그래서 교회는 그녀 앞에서 이렇게 고백한 다: "나의 눈이 네게 머물러 있다. 너는 혼자가 아니다."

고요한 샘에서 시작된 은총: 루르드의 복되신 동정녀 마리아

바티칸 자르디니 한가운데, 담쟁이덩굴로 둘러싸인 작은 동굴이 있다. 1902년 교황 레오 13세의 뜻에 따라 축성된 이곳은, 프랑스 마사비엘의 루르드 동굴을 재현 공간이다. 흰 망토를 입은 성모 마리아가 조용히 그 안에 서 있으며, 아무 말 없이 이렇게 속삭이는 듯하다.
"회개하라. 그리고 기도하라." 병자와 가난한 이들의 어머니로, 침묵 속에 기적의 샘을 여는 성모님은, 여전히 자르디니 안에서 고요히 흐르는 은총의 물줄기가 되어 있다.
"고요히 들려오는 은총의 음성의 장소이다. 마음의 침묵 속에서, 하느님은 가장 크게 말씀하신다."
(교황 프란치스코)

흰빛 속에 드러난 경고와 희망 〈복되신 파티마의 성모〉

1983년 세워진 **파티마 성모상**은 포르투갈 파티마에서 발현한 성모를 기리며, 특히 세계 평화를 위한 기도의 상징으로 여겨진다.
그녀는 흰 옷을 입고 손에는 묵주를 들고 있으며, 머리에는 왕관을 쓰고 있다. **세 어린이 앞에 나타나 세계 전쟁, 교회의 고난, 회개의 요청을 전한 성모 마리아**는 오늘날에도 묵주의 기도를 통해 전쟁과 분열의 세상을 감싸는 중재자로 여겨진다.
바티칸 자르디니에 서 있는 이 성모는, 빛 속에 서서 다음을 속삭인다:
"하느님께 당신 자신을 봉헌하십시오. 그리고 평화를 위해 기도하십시오."

상처 입은 어머니, 꺾이지 않는 믿음 〈체스토호바의 성모〉

바티칸 자르디니 헬리포트 근처, 조용한 자리에 서 있는 **검은 성모상**.
1994년 봉헌된 체스토호바의 성모(Black Madonna of Częstochowa)는
폴란드 민족의 고난과 저항, 그리고 굴하지 않는 신앙을 품고 있다.
검은 피부, 뺨을 가른 두 개의 상처, 금빛 옷자락 속 그녀는
전쟁과 침묵, 이민과 분단의 세월을
묵묵히 지켜온 **고통 속의 어머니**다.

"고통은 끝이 아니라, 믿음으로 통과하는 문이다."

이 성모상 앞에서, 우리는 묻고 또 기다릴 수 있다.
상처받은 삶이 회복될 수 있는지,
눈물 너머에도 희망이 있는지를.
바로 그 순간,
이 성모의 앞에 잠시 머물러 보길 바란다.

장미와 망토 위에 새겨진 어머니 〈과달루페의 성모〉

민족의 옷을 입으신 성모는, 복음의 토착화와 선교의 얼굴을 상징한다.
"복음은 문화 안에서, 그 문화의 형태로 다시 태어난다" - 교황 프란치스코

장미와 망토 위에 새겨진 어머니
〈과달루페의 성모〉

바티칸 자르디니 한켠, 조용히 서 있는 한 성모상이 있습니다.
그녀는 **과달루페의 성모**, 멕시코와 라틴 아메리카 사람들의 마음 깊이 새겨진 **하늘의 어머니**입니다.
16세기, 원주민 청년 후안 디에고의 망토 위에 기적처럼 나타난 이 성모님의 모습은 자색 옷을 입고, 별이 수놓인 망토를 두르고, 태양을 등진 채, 두 손을 모은 평화로운 얼굴입니다.
그녀의 허리를 감싸고 있는 검은 띠는 **생명을 품은 어머니**, 곧 **희망을 안고 계신 분**임을 상징합니다.
그녀는 백성의 언어를 말하고,
그들의 꽃과 문양을 입은 채 다가오셨습니다.
이 성모님은 말없이 전합니다:
"나는 너의 어머니이다.
두려워하지 말아라. 내가 너와 함께 있다."
문화와 신앙이 만나는 자리에, 그녀는 오늘도 조용히 서서 모든 이들의 기도를 받아 안고 계십니다.

베드로 대성당 과달루페 성모 발현 성모 신심

바티칸 교황청 자르디니 정원

108 | 자비와 겸손의 목자 **교황 프란치스코**

바티칸 교황청 자르디니, 바티칸 성벽

바티칸 교황청 자르디니의 서편을 따라 이어지는 바티칸 성벽(Mura Vaticane)은 단순한 경계가 아닌, **신앙과 역사의 최후의 보루**였다. 이 성벽은 중세와 르네상스 시기에 교황령을 방어하기 위해 건설된 요새로, **교황과 교회 공동체를 외세와 침략으로부터 지키기 위한 최후의 수단**이었다.

110 | 자비와 겸손의 목자 **교황 프란치스코**

바티칸 교황청 자르디니, 바티칸 성벽

1527년 **로마 약탈**(Sacco di Roma) 당시, 스위스 근위병들이 이 성벽을 따라 **성 베드로 대성당과 교황을 사수하며 목숨을 바쳤던** 역사적 장소로도 유명하다. 바로 그 날, 교황 클레멘스 7세는 파세토 디 보르고(Passetto di Borgo)라 불리는 비밀 통로를 따라 **성 안젤로 성채로 피신**했으며, 이 성벽은 교황권의 생존을 지켜낸 상징이 되었다.

바티칸 성벽은 단순한 방어 건축이 아니라, **교회의 순교적 역사를 간직한 석조의 증언자**이다. 또한, 지금의 자르디니 정원과 함께 이 성벽은 **하느님 안에서 지켜지는 평화의 공간**으로 재해석되며, 순례자에게 **기도와 묵상의 경계선**이 되어 준다. 과거의 피와 땀 위에 오늘의 평화가 자라고 있는 것이다.

바티칸 교황청 자르디니 바티칸 성벽

바티칸 교황청 자르디니, 바티칸 성벽 망루

바티칸 교황청 자르디니 정원

교황 프란치스코께서는 피조물과의 조화, 생태적 회개, 침묵 안에서의 만남을 자주 강조합니다.
"하느님은 소란한 세상이 아니라, 침묵 가운데 말씀하십니다."
-교황 프란치스코, '침묵의 가치'에 대하여

바티칸 교황청 자르디니 정원

"정원은 권위의 상징이 아니라, 겸손히 돌보고 기도하며 가꾸는 공동체의 공간이어야 합니다."
- 환경과 영성에 관한 연설 - 교황 프란치스코

바티칸 교황청 자르디니 정원

바티칸 교황청 자르디니, 〈예루살렘 게세마니에서 옮겨온 올리브 나무〉

바티칸 자르디니를 걷다 보면, 꽃과 나무 너머로 **문명의 흔적들이 조용히 드러난다.** 그리고 그 중심에는, 조용히 뿌리내린 **한 그루의 올리브나무**가 있다. 예루살렘 게세마니 동산에서 옮겨온 이 나무는, 예수께서 피땀 흘리며 기도하신 **고통과 순명의 밤을 기억하는 침묵의 증언자**이다. 그 길 위에서 순례자는 과거의 형상들 앞에 멈춰 서고, 현재의 의미를 묻고, **우리도 이 오래된 이야기의 일부임을 다시금 깨닫게 된다.**

바티칸 교황청 자르디니, 베드로 기도소

바티칸 교황청 자르디니, 베드로 기도소 벽면 부조

교황 프란치스코께서는 바티칸 교황청 자르디니(Vatican Gardens) 내 베드로 기도소(Peter's Prayer Chapel)에서 여러 차례 기도와 묵상을 하셨다. 특히 2024년 6월 7일에는 이스라엘과 팔레스타인 대사들과 함께 자르디니에서 중동 평화를 위한 기도를 드리며, 전쟁과 고통 속에서 평화의 필요성을 강조하셨다. 또한, 교황 프란치스코께서는 자르디니에 위치한 루르드의 동굴(Grotta di Lourdes)을 자주 방문하셨다. 교황으로 선출된 직후인 2013년 3월 15일에도 이곳을 찾아 성모 마리아상 앞에서 기도하셨다.

교회의 쇄신: 〈제2차 바티칸 공의회〉
1963 / 조각 / 바티칸 자르디니 베드로 기도소 벽면 부조 / 바티칸

교회의 쇄신: 교황 요한 23세가 1962년 개막한 제2차 바티칸 공의회는 현대 세계와의 대화를 열고 교회의 얼굴을 새롭게 한 은총의 시기였다.

시간을 품은 정원 - 고대 로마의 숨결

고대 로마의 정원 전통과 기독교 묵상의 영성이 융합된 공간이다. 이 정원은 본래 로마 제국 시대 '황제의 정원'의 유산을 잇는 형식으로, 자연을 통한 철학적 사색과 통치를 상징하는 공간이었다. 바티칸 정원은 이 전통을 교회적 차원에서 계승하여, 기도와 묵상의 장소로 변모시켰다.

고대의 조각, 분수, 성모와 성인의 상들이 조화롭게 배치되어 로고스(Logos)와 자연, 영성과 통치의 조화를 나타낸다.

"자르디니 바티카니는 고대 황제의 사색 정원이 '하느님의 정원'으로 거듭난 곳이며, 생태 영성과 침묵의 기도가 숨 쉬는 푸른 성전이다."
- 프란치스코 교황

프란치스코 교황은 피조물과의 조화, 생태적 회개, 침묵 안에서의 만남을 자주 강조합니다.
"하느님은 소란한 세상이 아니라, 침묵 가운데 말씀하십니다."
- 프란치스코 교황, '침묵의 가치'에 대하여
"정원은 권위의 상징이 아니라, 겸손히 돌보고 기도하며 가꾸는 공동체의 공간이어야 합니다."
- 환경과 영성에 관한 연설 - 교황 프란치스코

바티칸 교황청 자르디니 동굴 산책로

바티칸 교황청 자르디니 고대로마 정원 분수대

128 | 자비와 겸손의 목자 **교황 프란치스코**

바티칸 교황청 자르디니 고대로마 정원, 대희년의 종

Campana Iubilaei Maximi는 2000년 대희년을 기념해 바티칸 자르디니에 세워진 거대한 청동 종으로, 새로운 천년을 여는 상징이자 교회의 전례적 신비를 담은 예술품이다. 교황 성 요한 바오로 2세께서 직접 제막하며 울린 이 종은, 단순한 구조물이 아니라 신앙의 소리, 하늘과 땅을 잇는 울림으로 여겨졌다. 직경 약 2미터에 이르는 청동 종에는 교황의 문장, 성령의 비둘기, 십자가, 사도들과 함께 "Christus heri, hodie, semper(그리스도는 어제도 오늘도 항상 계신다)"라는 문구가 부조로 새겨져 있다. 그 소리는 무게감 있으면서도 장엄하며, 교회가 하느님의 시간과 함께 걷고 있음을 상기시킨다. 대희년 개막 미사 때 이 종소리는 "천년의 문을 여는 하늘의 소리"라는 찬사를 받았고, 지금도 바티칸을 찾는 이들에게 깊은 묵상과 회심의 순간을 선사한다. 그 울림 앞에서, 우리는 시간의 흐름을 넘어선 은총의 순간을 마주하게 된다.

바티칸 교황청 자르디니 〈고대 로마 정원 독수리상〉

고대 로마의 정원 전통과 기독교 묵상의 영성이 융합된 공간이다. 이 정원은 본래 로마 제국 시대 '황제의 정원'의 유산을 잇는 형식으로, **자연을 통한 철학적 사색과 통치를 상징하는 공간**이었다. 바티칸 정원은 이 전통을 교회적 차원에서 계승하여, **기도와 묵상의 장소**로 변모시켰다.

바티칸 교황청 자르디니 〈고대 로마 정원 연못〉

고대의 조각, 분수, 성모와 성인의 상들이 조화롭게 배치되어 **로고스(Logos)와 자연, 영성과 통치의 조화**를 나타낸다. "자르디니 바티카니는 고대 황제의 사색 정원이 '하느님의 정원'으로 거듭난 곳이며, 교황 프란치스코의 생태 영성과 침묵의 기도가 숨 쉬는 푸른 성전이다."

바티칸 교황청 자르디니 고대로마 연못

바티칸 교황청 자르디니 고대로마 정원, 용의 분수

바티칸 교황청 자르디니 고대로마 정원, 메두사의 머리

1부. 빛으로 드러나는 교회 | 135

바티칸 교황청 자르디니 고대로마 정원, 인어 조각상

바티칸 교황청 자르디니 〈고대 로마 정원〉

교황 프란치스코께서는 *"피조물과의 조화, 생태적 회개, 침묵 안에서의 만남"* 을 자주 강조하였다.

바티칸 교황청 자르디니 〈고대 로마 정원〉

"하느님은 소란한 세상이 아니라, 침묵 가운데 말씀하십니다." –
교황 프란치스코, '침묵의 가치'에 대하여

바티칸 교황청 자르디니 고대로마 정원

아직도 발굴중이다.

바티칸 교황청 자르디니 고대로마 정원 산책로

140 | 자비와 겸손의 목자 **교황 프란치스코**

바티칸 교황청 자르디니 고대로마 조각상

바티칸 교황청 자르디니 고대로마 조각상

바티칸 교황청 자르디니 고대로마 정원 조각상

바티칸 교황청 자르디니 고대로마 정원 분수대

바티칸 교황청 자르디니 고대로마 정원 벤치

바티칸 교황청 자르디니 고대로마 정원 석조 벤치

바티칸 교황청 자르디니 고대로마 정원, 샘물

바티칸 교황청 자르디니 고대로마 정원, 지하 샘물 정화대

바티칸 교황청 자르디니 〈고대 로마 정원〉

"정원은 권위의 상징이 아니라, 겸손히 돌보고 기도하며 가꾸는 공동체의 공간이어야 합니다." 환경과 영성에 관한 연설 - 교황 프란치스코

150 | 자비와 겸손의 목자 **교황 프란치스코**

생명과 영원의 상징: 〈청동 솔방울〉
Croce feconda: il Pigna scolpito
16세기 말 / 조각 / 바티칸 박물관 입구 / 바티칸

바티칸 자르디니 정원을 걷다 보면,
조용한 공간 한편에 **커다란 청동 솔방울 조각**이 놓여 있는 것을 볼 수 있다.
이 '솔방울(Fontana della Pigna)'은 단순한 식물의 형태가 아니다.
그 속엔 **부활과 생명, 하늘로 향한 열림의 신비**가 담겨 있다.
고대 문화에서 소나무 열매는 생명과 영원의 상징이었다.
시간이 흘러 기독교 신앙 안에서 이 열매는
죽음을 통해 생명을 주신 그리스도의 십자가와 연결되어 이해되었다.
마치 요한복음에 쓰인 말씀처럼:
"밀알 하나가 땅에 떨어져 죽지 않으면 그대로 있고, 죽으면 많은 열매를 맺는다." (요한 12,24)
솔방울은 그 **생명의 열림을 상징하는 조각**이다.
딱딱한 껍질 안에 숨겨진 씨앗처럼,
고통의 순간 안에 생명이 자라고,
어둠을 지나 희망이 피어난다.
이 조각 앞에서 우리는 자연을 넘어서는 의미를 본다.
작은 열매 하나가
죽음을 지나 피어난 생명의 약속이 된다는 것.
그리고 그 약속은 지금도, 우리 삶 안에 여전히 유효하다는 것을.

'구 안의 구'

Sphaera in Sphaeram Includens

아르날도 포모도로

1966-1967 / 조각 / 바티칸 박물관 입구 / 바티칸

바티칸 박물관의 피냐(Pigna) 중정에 설치된 거대한 구형 조각 〈Sfera con Sfera〉(구 안의 구)는 이탈리아 조각가 아르날도 포모도로(Arnaldo Pomodoro)의 대표작으로, 현대 조형 예술의 상징적 기념비 중 하나로 평가받는다. 이 작품은 외부의 매끄럽고 완전한 구체가 파열되어 내부의 정교한 기계 구조를 드러내는 형태를 갖추고 있다. 이를 통해 포모도로는 고대의 완전성과 질서를 상징하는 외형에, 현대 문명의 복잡성과 해체, 그리고 그 안에서 다시 태동하는 창조적 역동성을 담아냈다.

1990년 바티칸에 처음 설치된 이 작품은 이후 유엔 본부, 샌프란시스코, 더블린 트리니티 칼리지 등 전 세계 주요 공공장소에 전시되며 널리 알려지게 되었다. 외부의 균형과 내부의 복잡함이 동시에 존재하는 이 구체는, 인간성과 기술, 전통과 현대 사이의 긴장과 조화를 탐색하며, 파괴를 통한 재창조라는 순환적 시간관을 상징한다. 단순한 시각적 아름다움을 넘어서, 이 조형물은 관람객으로 하여금 '보이는 것 너머의 구조'를 성찰하게 만드는 하나의 현대적 명상 장치이기도 하다.

2-2. 석조 속에 새겨진 시간과 계시
: 고대 로마, '조각으로 드러난 신화'

　바티칸 박물관과 자르디니 정원에 자리한 고대 조각들은 고대 그리스와 로마의 형상 언어로 기록된 시간과 계시의 단편이며, 신화와 역사, 신앙과 미학이 교차하는 문명사의 증언이다. 예를 들어, 〈폰타나 델라 피냐〉는 생명과 부활의 상징으로 고대와 기독교 상징을 연결하고, 〈아우구스투스의 두상〉은 로마 제국의 권위와 인간적 야망을 상징한다.

　〈라오콘 군상〉은 고통 속에 숨은 구원의 예감을 담고 있으며, 〈티베르 강의 신〉은 자연과 신화가 만나는 고대 미학의 정수를 보여준다. 또한 황제 석관과 항복 석관은 권력과 죽음, 승리와 굴복의 서사를 대리석에 새긴 로마 제국의 상징들이다.

　이 조각들은 기독교 미술이 고대의 상징과 어떻게 대화했는지를 보여주는 생생한 통로이자, 지금도 우리에게 말을 건네는 형상의 복음서이다.

　바티칸을 찾는다면, 이 석조의 순간들 앞에서 잠시 멈춰 서보라!

　당신 안의 시간이, 그 돌에서 다시 깨어날지도 모른다.

　이 조각들은 단지 과거의 유물이 아니라, 형상과 의미가 교차하는 문명적 기억의 현장이다. 바티칸에 모인 이 석조 유산들은 신화를 넘어서 기독교 예술이 고대의 언어와 어떻게 대화했는지를 묻는 살아 있는 미술사 교과서다. 조각은 침묵하지만, 그 안의 이야기는 여전히 현재를 흔들고 있다.

바티칸 분수 〈신성한 얼굴의 분수〉
Fontana con Teste Divine
16세기 말 / 조각 / 로마, 바티칸 정원 / 바티칸

바티칸 정원에 자리한 상징적 분수들은 단순한 조형을 넘어, **고대 로마와 르네상스 미술의 전통**을 계승한 **장식적 조각 예술의 정수**라 할 수 있다. 특히 "Fontana con Teste Divine"라 불리는 이 분수들은 **헤라클레스, 바쿠스, 네프투누스** 등 고대 신들의 얼굴을 형상화한 마스크 조각에서 물이 흘러나오게 설계된 형태로, **생명력과 신성함**을 시각적으로 상징한다.

이러한 Mascherone 양식은 로마 귀족 궁전과 빌라 정원에서 유행하며 **정원 안에 '신화적 생명'을 불어넣는 장치**로 기능했다. 바티칸의 유사 양식 분수 역시 Villa d'Este(티볼리)나 Villa Medici 같은 정원과 유사한 조형 감각을 공유하며, **물줄기를 통해 정화와 재생의 의미**를 표현한다.

특히 로마의 Via Giulia에 있는 Fontana del Mascherone처럼, **과장된 인간의 얼굴 혹은 신의 얼굴에서 물이 흘러나오는 구조**는 시대를 넘어 **고전적 미와 상징성의 계승**을 보여주는 사례이다. 이러한 분수들은 단지 기능적 구조물이 아니라, **고대와 르네상스의 미학적 상상력이 응축된 신화적 상징물**로, 오늘날에도 관람자에게 깊은 인상을 남긴다.

"권력의 얼굴과 팍스 로마나" ⟨아우구스투스⟩
"Vultus Potestatis et Pax Romana: Caput Augusti

16세기 말 / 조각 / 로마, 바티칸 박물관 입구 / 바티칸

로마 황제 안에 담긴 세속 권력의 역설
세속 권력의 정점인 황제상은 "권세는 하늘로부터 온다"(요한 19,11)는 진리를 역설적으로 드러낸다.
아우구스투스는 '고위한 사람', 황제'라는 칭호이다. **아우구스투스 황제는 로마 제국의 첫 번째 황제**로서, 제국의 정치적, 군사적, 문화적 기초를 다졌으며, 그의 업적은 **로마 제국의 황금기**를 이끈 중요한 전환점이 되었다.
아우구스투스는 그의 재위 기간 동안 **평화와 안정을 이룩**하여, **경제적 번영**과 **문화적 발전**을 이끌었다. **평화의 시대, 팍스 로마나 (Pax Romana)** 는 로마 제국의 약 200년 간의 평화롭고 번영한 시대를 의미한다.

〈라오콘 군상〉은 고대 트로이의 신관 라오콘과 그의 두 아들이 거대한 뱀에게 휘감겨 죽음을 맞는 장면을 묘사한 조각으로, 고대 그리스 비극과 신화의 한복판을 응축한 걸작이다. 이 장면은 신의 분노와 인간의 무력함, 예언자적 저항에 대한 응징을 동시에 드러내며, 그 안에 고통과 숭고함, 인간적 존엄이 교차한다.

1506년 로마에서 발굴된 이 작품은 헬레니즘 조각의 정수로, 근육의 긴장감, 비틀린 자세, 얼굴에 새겨진 절망의 표정 등에서 극적인 감정 표현과 역동성이 절정을 이룬다. 라오콘의 육체는 단지 고통받는 신체가 아니라, 신의 계획에 맞서 진실을 외친 인간의 운명을 품고 있다.

이 조각은 단순한 신화 재현을 넘어, 고대의 미학과 종교적 상징, 그리고 구원에 대한 암시가 맞물린 상징적 형상이다. 고통 속에서 구원의 단서를 읽고자 하는 이들에게, 라오콘은 시대를 초월한 시각적 예언처럼 다가온다.

"고통받는 몸, 구원의 암시" 〈라오콘〉
Gruppo del Laocoonte

아가시포스, 폴리도로스, 아티오코스
기원전 1세기 헬레니즘 시대 / 조각 / 바티칸 박물관 그리스 조시관 / 바티칸

1부. 빛으로 드러나는 교회 | 159

"죽음 안에 깃든 황제의 야망" 〈로마 신과 황제의 석관〉
: 영광의 부조, 그러나 사라진 신성의 허상

"Imperatoris Ambitio in Morte Inclusa: Sarcophagus Deorum Romanorum et Imperatorum"

기원전 1세기 헬레니즘 시대 / 조각 / 바티칸 박물관 / 바티칸

고대 그리스와 고대 로마: 〈조각상에 나타난 이상과 기억〉
"Graecia et Roma Antiquae: Idealia et Memoria in Sculpturis Expressa"

기원전 1세기 헬레니즘 시대 / 조각 / 바티칸 박물관 / 바티칸

"이 조각들은 말이 없다. 그러나 신들은 침묵 속에서 울리고, 인간은 그 속에 자신의 이상을 투영한다. 미의 비례 속에 깃든 윤리, 찰나의 몸짓 속에 녹아든 영원의 갈망. 부서진 팔과 마모된 이마 위에, 제국은 사라졌어도 진실은 남아 있다."

162 | 자비와 겸손의 목자 **교황 프란치스코**

신의 제국 : 〈고대 조각상이 들려주는 권력과 숭배의 서사〉
"Imperium Divinum: Narratio de Potestate et Cultu in Sculpturis Antiquis"
〈Divinità e imperi scolpiti nel marmo eterno〉
기원전 1세기 헬레니즘 시대 / 조각 / 바티칸 박물관 / 바티칸

"그들은 신이었고, 영웅이었으며, 황제였다. 찬란했던 도시들의 폐허 위에서, 여전히 그 눈빛은 묻는다 — 인간이란 무엇인가? 무게 없는 대리석이 영겁의 무게를 짊어진다."

고대 조각: 〈형상의 기억, 제국의 회상〉
"Sculptura Antiqua: Memoria Figurarum, Recordatio Imperii"

기원전 1세기 헬레니즘 시대 / 조각 / 바티칸 박물관 / 바티칸

"한때 살아 있던 근육, 피 흐르던 손가락, 명령을 내리던 시선. 지금은 돌이 되었으나, 시간은 이 형상들을 망각하지 않았다. 잊히기를 거부한 인간의 몸, 그것은 기억의 표면 위에 제국의 잔향을 새겼다."

164 | 자비와 겸손의 목자 **교황 프란치스코**

티베르니우스는 단지 강의 신이 아니다. 그는 로마의 탄생을 지켜본 시간의 증인이며, 물결로 쓰인 역사의 필경사다. 그의 넓고 단단한 몸통은 도시의 기원을 이루는 생명의 흐름을 상징하고, 머리에 쓴 갈대관은 자연의 주권자로서 지닌 위엄을 드러낸다. 수염은 리넨처럼 유려하게 흐르고, 근육에 스민 고요는 단단하면서도 생명력 있는 존재의 힘을 말해준다.

이 형상은 단순한 신화적 인물을 넘어서, 고대 조각이 추구한 '이상미(Ideal Beauty)'와 자연의 에너지가 조화를 이룬 **헤시오도스적 조화(Hesiodic harmony)**의 구현이라 할 수 있다. 그는 움직이지 않지만, 그의 침묵은 로마의 대리석보다 오래된 숨결로 울려 퍼진다. 티베르니우스는 곧 고대 로마 정신이 깃든 조화와 이상, 그 자체를 응축한 상징적 존재이다.

'고대 미학의 진수' 〈티베르 강의 신, 티베르니우스〉
"Summum Aestheticae Antiquae: Deus Tiberis, Tiberinus"

기원전 1세기 헬레니즘 시대 / 조각 / 바티칸 박물관 / 바티칸

'충돌과 정복: 조각된 서사' 〈항복 석관〉
"Conflictus et Victoria: Historia Sculpta" - Sarcophagus Deditioe

서기 2세기 / 조각 / 바티칸 박물관 / 바티칸

이러한 석관은 **로마 제국 시대**의 중요한 **기념물**로, 대개 **로마 제국의 중심지**인 **로마**와 **바티칸** 박물관 등에서 발견된다.
이 작품들은 **로마의 제국주의적 성격**과 **군사적 문화**를 반영하며, **전쟁의 승리**를 상징하는 중요한 예술적 유산으로 여겨진다.

제3장.
상처 입은 교회와 부활의 예술: 내면화된 영광
- 아비뇽에서 르네상스, 그리고 알레고리의 예언까지

    제3장은 상처와 부활, 고난과 희망이 맞닿은 교회 예술의 내면적 여정을 담는다. 아비뇽 대성당의 〈수난 도상〉과 십자가상은 유배 교황청의 아픔과 교회의 내적 고난을 조용히 증언한다. 대성당 꼭대기에 우뚝 선 황금 성모상은 하늘을 향한 신앙의 회복력을 상징하며, 오늘날 아비뇽 광장은 세계 공연예술의 무대가 되어 과거의 상처를 문화로 승화한 공간이 되었다.

    이어지는 오르비에토 대성당에서는 시뇨렐리의 〈육신의 부활〉이 죽음과 생명, 시간과 영원의 경계를 허물며 르네상스 회화의 시작을 알린다. 수도자들의 삶을 그린 초상들과, 세속의 폭력을 묘사한 푸생의 〈사비니 여인들〉은 신앙과 인간 본성, 화해의 여지를 되묻는다.

    한편, 페라라의 스키파노이아 궁에 펼쳐진 〈3월의 미네르바〉와 〈4월의 비너스〉, 페루지노의 미덕 알레고리는 고대 철학과 기독교 신앙이 만나는 미덕의 서사시다. 이들은 단순한 우화가 아니라 교회적 인문주의가 지혜와 성화를 어떻게 연결했는가를 보여주는 시각적 철학이다. 고대의 지혜는 여기서 하느님의 섭리를 향한 발걸음이 된다.

"그분의 상처로 우리는 나았습니다." (이사 53,5)
"교회는 완전한 자들의 성채가 아니라, 상처 입은 자들의 병원입니다."
- 교황 프란치스코

아비뇽 "Avinio"

3-1. 흩어진 중심, 십자가 위에 머문 교회 아비뇽
: 아비뇽과 교회의 분열, 고난의 기억

아비뇽은 한때 교황이 머물렀던 도시였지만, 동시에 분열과 유배, 교회의 상처를 안은 비극의 무대이기도 하다. 14세기, 로마를 떠난 교황청은 아비뇽에 자리를 옮기며 '교황의 유배 시대'를 맞았다. 이는 단순한 정치적 결정이 아니라, 로마와 아비뇽 간의 갈등, 그리고 교회의 정통성과 중심이 흔들리는 영적 혼란의 시기였다.

〈아비뇽의 다리〉는 끊어진 순례와 단절된 신뢰를 상징하고, 〈십자가 광장〉은 세속 권력 아래에서 고통받는 교회의 모습을 증언한다. 전쟁기념비는 침묵 속에서 속죄와 기억의 신학을 말하며, 아비뇽 대성당의 십자가상과 수난 도상은 상처 입은 그리스도를 통해 교회의 고통을 내면화시킨다.

그러나 이 도시는 단지 비극의 장소에 머물지 않았다. 대성당 꼭대기에 선 황금빛 성모상은 여전히 하늘을 향해 빛을 반사하고, 시대가 바뀐 오늘날 아비뇽 광장은 세계 연극예술의 심장으로 다시 태어났다. 과거의 분열을 예술로 승화시킨 이 도시는, 상처 안에서 새로운 문명을 피워낸 교회와 인류의 회복력을 상징한다.

"그분의 상처로 우리는 나았습니다." (이사 53,5)

〈아비뇽의 성벽〉

아비뇽은 14세기 교황청 이전 시절부터 로마 가톨릭의 중요한 중심지로 부상했으며, 많은 예술적 후원이 이루어졌다.
이 시기의 아비뇽 미술은 이탈리아의 영향과 북유럽 고딕 양식이 혼합된 형태를 보이며, 해당 조각상도 그 연장선상에 있다.
"교황은 하늘의 향기와 땅의 먼지를 함께 짊어진 순례자입니다. 분열은 하늘과 땅의 숨결을 동시에 찢어냅니다." - 교황 프란치스코

1부. 빛으로 드러나는 교회 | 171

〈아비뇽의 성벽〉

"그분의 상처로 우리는 나았습니다." (이사 53,5)
"교회는 완전한 자들의 성채가 아니라, 상처 입은 자들의 병원입니다." - 교황 프란치스코

"부서진 다리, 끊어진 순례" 〈아비뇽의 다리와 교회의 분열〉

교황의 망명과 분열된 교회의 상징
흩어진 중심, 그리고 무너진 다리. 아비뇽의 교황궁은 순례의 길에서 벗어난 교회의 방황을 상징한다.
"집이 둘로 갈라지면 무너진다." (루카 11,17

〈아비뇽의 십자가 광장〉

세속 권력 아래 놓인 고난의 교회
권좌 아래에 놓인 십자가, 세속의 그림자가 성스러운 공간을 덮는다.
"나는 너희가 권세 있는 이들의 지배를 받는 것을 참아 왔다." (고린토 후서 11,20)

"십자가 아래의 광장" 〈아비뇽의 십자가 광장〉

"진정한 권위는 섬김에서 온다. 십자가 아래에 무릎 꿇는 자만이 교회를 일으킬 수 있다." - 교황 프란치스코

'침묵하는 증언' 〈아비뇽 전쟁기념비〉
Monumento ai caduti di Avignone

루이 보티넬리

1924 / 조각 / 프랑스 아비뇽 로셰 데 돔 정원 / 아비뇽

말 없는 기념비는 울부짖는 세대의 속죄를 품는다. 이 전쟁기념비는 **전통적인 영웅주의 양식**을 바탕으로 설계되었으며, 중앙에는 **마리안느(프랑스 공화국의 의인화)** 혹은 **승리와 희생을 상징하는 알레고리적 여성상**이 위엄 있게 자리잡고 있다. 그녀를 중심으로 **전사자들, 병사, 시민**들이 배치되어 있으며, 전체 구성은 **장엄하면서도 경건한 분위기**를 자아낸다. 조각의 표면에는 **전쟁에서 희생된 이들의 이름이 새겨져, 시민적 애도와 집단 기억의 의미**를 강조한다. 양식적으로는 **전통주의에 뿌리를 둔 신고전주의 양식**을 따르며, 일부 세부에서는 **상징주의적인 표현**이 함께 드러난다.

"아비뇽 대성당" 〈십자가상과 고난의 영성〉
"La Cattedrale di Avignone"〈Il Cristo crocifisso e la spiritualità del dolore redentore〉
앙베르 당브와즈 혹은 길드 (추정)
1430-1450 / 조각 / 아비뇽 대성당 / 아비뇽

아비뇽 대성당 제대 예수상은 후기 고딕 양식의 특징을 지니며, 고통받는 인성과 상처 입은 신성을 사실적으로 드러낸다. 십자가에 못 박힌 그리스도의 고통은 단순한 신체적 표현을 넘어, 교회의 정체성과 존재 이유를 되묻게 한다. 수난의 주님께서 응시하시는 이 대성당은, 고난 속에서 그리스도의 얼굴을 비추며, 신자들에게 성찰과 회심의 공간이 된다.
"그리스도의 고난에 참여하는 것을 기쁘게 여기십시오." (1베드 4,13)
"우리는 상처 입은 예수님 안에서 교회의 진실을 만납니다." - 교황 프란치스코

"상처의 성소" 〈아비뇽의 예수 수난 도상〉
Santuario delle Ferite 〈Iconografia della Passione di Gesù ad Avignone〉

장 페뤼 (추정)

1520년경 / 조각 / 아비뇽 대성당 / 아비뇽

아비뇽 대성당의 수난 예수상은 전형적인 십자가상이 아니라, 채찍질 이전 또는 심문 중의 순간을 형상화한 특별한 수난상이다. 예수께서 손이 묶인 채 고통에 직면한 모습은, 고난의 극한에서 드러나는 순종과 내면의 절규를 상징한다. 이 조각상은 이탈리아 르네상스 조형 감각의 영향을 받은 후기 고딕 양식으로 제작되었으며, 유배된 교회가 피로 새겨진 구원의 도상을 통해 **내면화된 희망**을 증언하는 신앙의 표지가 된다. "그분의 피로 평화를 이루셨습니다." (콜로 1,20)

"상처는 고통의 증거가 아니라, 치유의 통로입니다. 교회는 상처를 숨기지 않고 드러내야 합니다."
- 교황 프란치스코

〈아비뇽 대성당 성전〉

"아비뇽의 랜드마크" 〈아비뇽대성당 성모상〉
〈La Madonna della Cattedrale di Avignone〉
1859년 / 조각 / 아비뇽 대성당 / 아비뇽

아비뇽 대성당(Cathédrale Notre-Dame des Doms)의 종탑 꼭대기에 우뚝 솟은 황금빛 성모 마리아상은 1859년에 세워졌으며, 높이 약 6미터, 무게 4.5톤의 금도금 납으로 제작되었습니다 . 이 성모상은 특정 발현 사건을 모티브로 한 것은 아니지만, 19세기 중반 프랑스에서 성모 마리아에 대한 신심이 고조되던 시기의 분위기를 반영한다. 특히 1854년 교황 비오 9세에 의해 무염시태 교의가 선포된 이후, 성모 마리아에 대한 공경이 더욱 확산되었고, 이러한 경향은 아비뇽 대성당의 성모상 설치에도 영향을 미쳤다.이 성모상은 대성당과 인접한 교황궁(Palais des Papes)을 내려다보며, 도시 전체를 보호하는 상징으로 자리 잡았다. 그 위엄 있는 모습은 신자들에게 신앙의 중심을 상기시키며, 아비뇽의 역사적, 종교적 중요성을 강조한다. 오늘날에도 이 황금빛 성모상은 아비뇽의 상징적인 랜드마크로서 많은 방문객들의 이목을 끌고 있다.

"아비뇽 돔 정원"
⟨폴 바이송 기념상⟩
⟨Rocher des Doms Paul Vayson⟩
펠릭스 샤르팡티에 1913년 / 조각 /
아비뇽 로셰르 데 돔 정원 / 아비뇽

아비뇽의 로셰르 데 돔(Rocher des Doms) 정원에는 19세기 프랑스 화가 폴 바이송(Paul Vayson, 1841-1911)을 기리는 기념 조각상이 있다. 이 조각상은 1913년 9월 18일, 노벨 문학상 수상자인 프레데릭 미스트랄의 참석 하에 제막되었으며, 조각가 펠릭스 샤르팡티에(Félix Charpentier)가 제작했다. 조각상은 바이송의 흉상과 함께, 양을 돌보는 목동 소녀의 모습이 함께 표현되어 있다. 이는 바이송이 주로 그렸던 프로방스의 전원 풍경과 목가적 삶을 상징적으로 나타낸다. 그의 작품은 주로 양치기, 소, 들판 등 농촌의 일상과 자연을 주제로 하며, 사실주의와 인상주의의 영향을 받았다.

이 조각상은 단순한 예술 작품을 넘어, 아비뇽 지역의 문화와 역사를 반영하는 상징물로서, 방문객들에게 지역 예술가의 유산을 기리는 장소로 자리매김하고 있다.

현대 공연예술의 플랫폼: 〈아비뇽 광장〉

세계적인 연극예술의 심장으로, 매년 여름 수천 명의 관객과 예술가들이 모이는 살아 있는 무대다. 중세 교황청 광장이던 이곳은 오늘날 **권위 있는 무대이자 등용문**으로, 젊은 창작자부터 거장 연출가까지 모두가 꿈꾸는 공간이다. 고성과 석벽을 배경으로 펼쳐지는 공연은 **시간을 품은 예술의 교차점**이며, 국경과 언어를 넘어 **문화 교류의 장**이 된다. 아비뇽 연극제는 단순한 축제를 넘어, **현대 공연예술의 흐름을 주도하고 세계 무대와 소통하는 플랫폼**으로 기능하며, 프랑스는 물론 전 세계 예술계에 지대한 영향을 끼치고 있다.

3-2. 부활의 전조, 르네상스를 향한 신앙의 예술
: 성인들의 삶과 오르비에토 대성당

오르비에토 대성당은 르네상스 성미술의 여명을 알린 시각 신학의 성전이다. 특히 루카 시뇨렐리의 〈육신의 부활〉은 벽화 미술의 새로운 전환점을 보여주는 걸작으로, 죽음과 생명, 종말과 희망의 경계를 찢고 나오는 부활의 순간을 장엄하게 묘사한다.

〈성 안토니오와 성 베르나르디노의 초상〉은 수도자들의 고결한 삶과 사회적 참여를 그리며 신앙의 지성과 자비의 실천이 만나는 순간을 보여준다.

〈성모와 아기 예수〉의 자비로운 시선은 인간 안에 깃든 하느님의 부드러움을 시각화하며, 〈사비니 여인들의 납치〉는 세속의 폭력 속에서도 화해와 인간 존엄성의 가능성을 묻는다.

이 모든 작품은 단순한 벽화가 아닌, 하느님의 구원이 예술의 언어로 번역된 전례적 서사시다.

시뇨렐리의 손끝에서 피어난 생명의 군상들은 후대 미켈란젤로에게 깊은 영향을 주었으며, 벽화 미술이 회화의 중심으로 부상하는 계기를 마련했다.

오르비에토는 르네상스가 단지 인간을 찬미한 시대가 아니라, 구원을 묵상한 예술의 새벽이었음을 증언한다.

1부. 빛으로 드러나는 교회 | 183

르네상스의 시작 오르비에토 대성당 성미술

184 | 자비와 겸손의 목자 **교황 프란치스코**

"고결한 수도자의 삶" 〈성 안토니오와 성 베르나르디노의 초상〉
La vita nobile del monaco 〈Ritratti di Sant'Antonio e San Bernardino〉

피에트로 디 니콜라

1450년경 / 프레스코 / 오르비에토 대성당 / 오르비에토

금욕과 자선, 성인의 향기로 준비된 시대
황야의 향기, 빈자의 친구. 금욕과 자선의 길은 다시 피어날 신앙의 토대를 마련한다.
"너희가 가진 것을 팔아 자선을 베풀어라." (루카 12,33)
"성인은 인간 안에서 하느님의 빛이 얼마나 멀리 비칠 수 있는지를 보여주는 생생한 창입니다." - 교황 프란치스코

하느님의 인성화, 마리아의 팔 안에 안긴 말씀은 이제 살과 피를 지닌 존재로 드러난다. 그분은 인간의 품 안에 안기심으로써, 인간을 하느님의 품 안에 안으신다. 인성화된 말씀은 마리아의 팔을 통해 세상을 껴안으시며, 성육신은 그 자체로 성사적 표징이 된다. 이 도상은 보이지 않는 하느님이 보이게 된 순간, 곧 사랑이 몸을 입고 다가온 신비를 드러낸다.
"말씀이 사람이 되시어 우리 가운데 사셨다." (요한 1,14)
"성모님은 하느님의 자비를 우리 안에 육화시키신 살아 있는 성사입니다." - 교황 프란치스코

"자비의 품 안에" ⟨성모와 아기⟩
Nel grembo della misericordia ⟨Il mistero della Madonna con il Bambino Gesù⟩
피에트로 디 니콜라
1450년경 / 프레스코 / 오르비에토 대성당 / 오르비에토

188 | 자비와 겸손의 목자 **교황 프란치스코**

시뇨렐리의 '육신의 부활' 천정화

오르비에토 대성당의 묵시록 프레스코화는 르네상스 성미술의 서막을 알리는 걸작으로, 루카 시뇨렐리의 신학적 상상력과 조형미가 절정에 이른 작품이다. 이 프레스코화는 '최후의 날'이라는 성경적 드라마를 시각화하며, 육신과 영혼의 회복이라는 종말론적 희망을 선포한다.
마지막 나팔소리가 울리자, 마른 뼈들이 일어나고, 죽음의 땅은 생명의 무대로 변모한다. 시뇨렐리는 단순한 화가를 넘어, **구원의 신비를 형상화한 신학자로서, 인간 존재의 끝에서 드러나는 하느님의 약속**을 그려냈다.
"죽은 이들이 썩지 않을 몸으로 다시 살아나리라." (1코린 15,52)
"죽음은 끝이 아니라, 사랑이 마지막까지 책임지는 여정의 문입니다." - 교황 프란치스코

"무덤을 깨우는 빛" 〈시뇨렐리의 '육신의 부활'〉
La luce che desta le tombe" 〈La Resurrezione della carne di Signorelli〉

시뇨렐리 루카

1499-1502 / 프레스코 / 오르비에토 대성당 /

오르비에토 대성당의 묵시록 프레스코는 **르네상스 성미술의 서막을 알리는 장대한 신학적 서사**다. 루카 시뇨렐리가 그린 이 연작은 세 장면으로 구성되며, 〈육신의 부활〉, 〈저주받은 자와 선택된 자〉, 〈낙원과 지옥〉이 이어져 하나의 종말론적 비전을 형성한다.

특히 〈육신의 부활〉에서 그는 죽음의 골짜기에서 되살아나는 마른 뼈들, 깨어나는 육신의 형상들을 통해 **육체와 영혼의 회복이라는 종말론적 희망**을 시각화했다. 이는 단순한 회화가 아니라, **죽음과 부활, 심판과 구원의 극적인 교차점**을 표현한 시각 신학이라 할 수 있다.

시뇨렐리는 **극적인 구도, 수사학적 구성, 과감한 인체 표현**으로 인간의 내면과 종말을 동시에 응시하며, 당시 르네상스 인문주의가 추구한 인간 존엄의 회복을 신학적 상상력 안에서 실현했다. 그의 탁월한 소묘력과 색채 감각은 미켈란젤로에 직접적인 영향을 미쳤으며, **근대 구상미술의 선구자**로서 자리매김하게 했다. 이 프레스코는 단순한 종말 묘사가 아니라, **죽음을 넘어 희망을 응시하게 하는 거대한 예술적 계시**이다.

"세속의 욕망" 〈사비니 여인들의 납치〉
"Desiderio mondano" 〈Il ratto delle Sabine〉

니콜라 푸생

1633-1634 / 아프레그라피 / 산 브리치오 성당, 두오모 대성당 / 뉴욕 메트로폴리탄 박물관

니콜라 푸생의 〈사비니 여인들의 납치〉는 로마 건국 신화를 배경으로, **로물루스의 신호에 따라 로마 남자들이 사비니 여인들을 강제로 납치하는 순간**을 극적으로 포착한 작품이다. 한가로운 축제는 순식간에 혼란과 비명으로 뒤바뀌고, 여성들은 저항하거나, 가족을 향해 손을 뻗으며 절규한다. 특히 **유부녀 헤르실리아의 존재**는 이 폭력의 한가운데서 **비극과 화해의 경계**를 상징하며, 훗날 로마의 첫 왕비가 되는 그녀의 운명은 **폭력 속에서도 존엄성과 공동체의 미래를 향한 가능성**을 암시한다. 푸생은 고전적 균형미 속에 인간의 욕망, 고통, 선택을 담아내며, **세속의 폭력이 인간 존엄을 어떻게 흔들고, 또 회복할 수 있는지를 묻는 역사적 비유**로 이 장면을 그려냈다.

"예술은 폭력을 치유하려는 인간의 깊은 열망을 드러냅니다. 미는 평화를 요구합니다." - 교황 프란치스코

3-3. 천사의 성과 우화의 전당
: 알레고리 안에 숨겨진 계시와 섭리의 질서

〈천사의 성과 우화의 전당〉은 고대 신화와 기독교 신앙이 교차하며 하느님의 섭리를 드러내는 상징의 공간이다. 성 미카엘은 악에 맞서는 정의의 칼을 든 하늘의 수호자이며, '젊음의 샘'은 세례와 성령의 생명을 상징한다. 스키파노이아 궁의 미네르바와 비너스의 수레는 고대 미덕과 정의가 계시 안에서 새롭게 해석됨을 보여주며, 프란치스코 델 코사의 우화는 시간의 흐름 속 섭리의 손길을 상기시킨다. 페루지노의 알레고리는 인간 내면의 성화를, 예언자들과 무녀들은 율법과 은총이 그리스도 안에서 만났음을 선포한다. 이 모든 장면은, 예술 속에 숨겨진 계시와 하느님의 지혜를 증언하는 우화의 전당이다.

"정의의 검을 든 자" 〈천사의 성 미카엘〉
Colui che brandisce la spada della giustizia 〈San Michele Arcangelo〉

피에르 안토니오 마리니
1753 / 조각 / 로마 천사의 성 / 로마

미카엘 대천사상은 590년 로마에 흑사병이 퍼졌을 때, 교황 그레고리오 1세가 행진 기도를 하던 중 성 미카엘이 하드리아누스 영묘 꼭대기에서 칼을 거두는 환시를 본 데서 유래한다. 이는 하느님께서 전염병을 거두셨다는 징표로 받아들여졌고, 이후 이 건축물은 '천사의 성(Castel Sant'Angelo)'이라 불리게 되었다. 이 조각은 단순한 전투의 상징이 아니라, 악에 맞서 싸우는 하늘의 정의를 드러낸다. 미카엘의 칼은 심판보다는 보호와 구원을 의미하며, 그는 전염병과 악을 물리친 하늘의 수호자로 기억된다. 천사의 성 위에 선 그의 형상은 하느님의 자비와 개입을 상징하며, 두려움 속에서도 신앙과 희망의 불꽃을 밝히는 성사적 이미지로 자리매김한다. "미카엘이 용과 싸우니 용이 패하였다." (묵시 12,7-8) "우리 시대의 용은 무관심입니다. 천사는 깨어 있음의 표징입니다."
- 교황 프란치스코

196 | 자비와 겸손의 목자 **교황 프란치스코**

"영원한 생명의 샘" 〈만타 성의 '젊음의 샘'〉
Fonte dell'eternità 〈La "Fonte della Giovinezza" del Castello della Manta〉

지아코모 자크퀘리오

1411-1416 / 프레스코 / 만타 성 바론홀 / 쿠네오 /

중세 기사 문학과 고전적 미덕을 주제로 한 알레고리(우화적 표현)로, **젊음의 샘**을 중심으로 한 **영웅과 영웅 여성들의 행진**을 묘사하고 있다. 이 작품은 토마소 3세 다 살루초의 기사 문학 작품인 〈기사의 여정〉의 내용을 시각적으로 재현한 것으로, **고대 영웅들**과 **중세 기사들**이 **지혜, 용기, 절제** 등의 미덕을 상징적으로 표현하고 있다.

"나는 생명의 물을 거저 주겠다." (묵시 21,6)

"성령은 언제나 새롭게 하며, 인간의 젊음은 내적 기쁨에서 피어난다." - 교황 프란치스코

198 | 자비와 겸손의 목자 **교황 프란치스코**

'3월 지혜의 우화: 〈미네르바의 승리의 수레〉
Favola di saggezza di marzo 〈Il carro trionfale di Minerva〉
프란치스코 델 코사
1469-1470 / 아프레그라피 / 팔라초 스키파노이아 궁전/ 페라라 /

팔라초 스키파노이아는 공작들의 **정치적 권위와 문화적 업적**을 과시하기 위한 공간으로 사용되었다. 각 월별 연작은 **천문학, 신화, 정치적 상징**을 결합하여, **르네상스 시대의 인본주의적 가치관과 정치적 이념**을 시각적으로 표현하고 있다. 3월 우화는 미네르바가 양자리의 별자리를 배경으로 **승리의 수레**를 타고 등장하는 장면을 묘사하고 있다. 미네르바는 **지혜, 예술, 전쟁의 여신**으로, 이 작품에서는 지혜의 승리를 상징적으로 표현하고 있다. 이러한 구성은 **르네상스 인본주의와 정치적 권위**를 결합한 상징적 표현으로 해석된다. "하느님께서는 지혜를 사랑하신다." (지혜 7,28)
"신화 속의 진리는 시대를 초월한 인간의 갈망을 반영합니다. 그 안에서 복음의 빛을 읽을 수 있습니다." - 교황 프란치스코

'4월 사랑의 우화': 〈비너스의 승리의 수레〉
Favola d'amore di aprile
〈Il carro trionfale di Venere〉
프란체스코 델 코사
1469-1470 / 아프레그라피 / 팔라초 스키파노이아 궁/
페라라 /

비너스(Venus)는 **사랑**과 **아름다움**의 여신으로, **승리의 수레**에 올라가며 **사랑의 승리**를 상징하는 모습으로 묘사된다. **수레**는 비너스의 **사랑의 힘**과 그 영향력을 강조하며, 주변에는 **봄**과 관련된 다른 신화적 상징들이 함께 그려져 있다.

이 작품은 **르네상스 인본주의**의 영향을 받은 미술로, **비너스의 수레**를 중심으로 **사랑의 승리**와 그 상징적 의미를 표현하고 있다. 르네상스 시대의 문화적, 철학적 가치를 깊이 이해할 수 있다. 시간의 흐름은 단지 자연의 주기가 아니라, 섭리 안에 있는 인간 성장의 여정이다.

"모든 일에는 때가 있다." (코헬 3,1)
"하느님은 역사 속에서, 계절의 리듬 속에서도 말씀하신다." - 교황 프란치스코

202 | 자비와 겸손의 목자 **교황 프란치스코**

"덕의 수호자" 〈'방어와 절제' 알레고리〉
Custode della virtù 〈Allegoria della Difesa e della Temperanza〉

피에트로 페루지노

1496-1500 / 프레스코 / 콜레지오 델 캄비오 / 페루자 / (아주미술관 전시 촬영)

페루지노의 〈방어와 절제〉는 하늘과 땅, 이상과 현실이 맞닿은 덕의 서사이다. 천상에는 방패를 든 '방어'와 물을 기우리는 '절제'의 알레고리가 좌정해 있다. 방어는 외부의 악을 막아내는 수호자이며, 절제는 욕망을 다스리는 내면의 균형이다. 이 두 여신은 조화로운 자세와 옷 주름으로 하늘 질서의 평화를 드러낸다. 지상에는 여섯 고대 인물이 등장한다. 시치니오는 정의, 라체데모니오는 절제, 코틀레스는 용기, 시피오네는 정의로운 승리, 아테니에스는 지혜, 친친나토는 겸손한 봉사를 상징한다. 이들은 각기 다른 자세와 소품, 옷 주름으로 덕의 구체적 실천을 나타낸다. 페루지노는 이들을 통해 덕이 단지 이상이 아닌, 삶 속에서 구현되는 하늘의 질서임을 시각적으로 선포한다.

"진정한 자유는 미덕을 통해 완성됩니다." - 교황 프란치스코

"율법과 은총의 만남" 〈예언자들과 고대 무녀들〉

Etemo Tra Angeli Profeti E Sibille

피에트로 페루지노

1496-1500 / 프레스코 / 콜레지오 델 캄비오 / 페루자 /

우주의 조물주 하느님과 천사 아래에는 구약의 예언자들과 이방의 무녀들이 나란히 배치되어, 예수 그리스도의 도래를 예고한다. 이사야는 "동정녀가 잉태하리라", 모세는 "야곱에서 별이 솟으리라", 다니엘은 "보았노라", 다윗은 "미덕은 땅의 소산이라" 전하며, 솔로몬은 "쇠퇴하다"는 인간 조건을, 예레미야는 침묵으로 예언의 깊이를 드러낸다. 반대편의 무녀들 역시 계시를 담는다. 에르트레아는 "말씀이 이뤄졌다", 페르시카는 "빛을 보게 되리라", 쿠마나는 "죽은 자들의 부활", 리비카는 "번성하리라", 티부르티나는 "다섯 개의 빵을 하나로", 델피카는 "죽은 자들을 심판하리라"고 예언한다. 이들은 예수 그리스도가 유다인의 메시아일 뿐 아니라 온 인류가 기다린 구원자임을 상징하며, 구속사의 보편성과 초월성을 드러낸다.

"하느님은 누구보다 먼저 도착하시는 분입니다. 무녀들의 예언 속에서도 우리는 그분의 전조를 봅니다." - 교황 프란치스코

2부.
구원의 벽화, 하늘의 성전으로 펼쳐지다

말씀의 궁전, 성화의 전례 미학

Pictura Salutis, in Templum Caeleste explicata: Palatium Verbi, Aesthetica Liturgica Iconographiae Sacrae

바티칸의 벽화는 단순한 장식을 넘어선 **시각적 예배의 공간**, 곧 눈으로 보는 복음입니다. 미켈란젤로는 하느님의 손끝으로 아담에게 생명을 불어넣고, 라파엘로는 철학과 신앙이 하나 되는 이상을 그려냈습니다. 인간의 이성과 감각을 찬미하던 르네상스는, 여기서 **하늘의 신비와 조화를 이룬 예술로 승화**되었습니다. 색채와 몸짓, 시선과 공간은 모두 **시간 속에 새겨진 영원의 흔적**이자, 하늘나라를 미리 맛보게 하는 전례입니다. 이곳에서 예술은 단지 아름다움이 아니라, **말씀이 형상이 된 신비의 언어**입니다.

제1장.
말씀의 궁전, 성화(聖畵)의 전례가 시작되다
- 바티칸 성미술과 천정화에 담긴 구속사의 개막

　바티칸의 벽화들은 르네상스 인본주의의 정수이자, 천상과 지상의 가교로서 기능하는 시각적 예전(禮典)이다. 이는 단순한 장식미를 넘어, 인간 정신이 하늘의 진리를 향해 상승하던 순간들의 집적이며, 교회 안에 펼쳐진 구원의 연대기이자, 시간 속에 새겨진 영원의 흔적이다.
　르네상스 인본주의는 인간의 이성과 감각, 아름다움에 대한 감탄을 바탕으로 출발했으나, 바티칸의 벽화들은 그러한 인간 중심성을 초월적 존재의 신비와 조율해 낸 결정체다. 미켈란젤로는 시스티나 천장에서 아담의 육신 안에 생기를 불어넣으신 하느님의 손끝을 그렸고, 이는 인간 존재의 존엄성과 신의 형상대로 창조된 인간의 영광을 동시에 증언한다. 그 창조는 곧 하늘에서 땅으로, 말씀에서 육신으로 흘러드는 성사적 은총의 시작이기도 하다.
　라파엘로는 교황궁의 방들에서 철학과 신학, 시와 법을 조화롭게 배치하며 인간 이성의 빛과 신앙의 계시가 서로 반목하지 않고, 오히려 더 높은 질서 안에서 일치를 이룬다는 교회적 인문주의의 이상을 그려냈다. 〈아테네 학당〉의 고전 철학자들은 〈성체 논쟁〉의 교부들과 나란히 자리하며, 이는 곧 이성과 계시, 인간의 탐구와 하느님의 응답이 교회 안에서 하나의 하모니로 울려 퍼짐을 나타낸다.
　그 벽화들은 교회의 신앙을 돌에 새긴 것이 아니라, 색채와 몸짓, 공간과 시선으로 선포된 시각적 복음서다. 천장을 수놓은 예언자들과 무녀들, 벽면을 가득 채운 사도들과 순교자들, 그리고 성모와 천사들의 찬가는 하나의 거대한 전례다. 이는 과거의 사건을 그린 것이 아니라, 지금 이 자리에서 드러나는 구원의 현존이며, 하늘나라를 미리 맛보는 예술적 전례다.
　이 모든 예술은 '하느님의 말씀이 육신이 되어 우리 가운데 사셨다'는 요한복음의 선언을 시각적으로 구현한다. 말씀이 공간이 되고, 그 공간이 예술의 육신을 입었을 때, 바티칸은 단지 신전이 아니라 *말씀의 궁전*이 되었다. 이 궁전은 인문주의적 이성의 꽃과, 하늘의 계시가 맞닿는 경계에서 탄생한 전례의 미학이며, 구원의 벽화 그 자체다. 여기서 예술은 단지 '아름다움'이 아니라, 복음이 된 형태이며, 인간의 눈으로 읽는 하늘나라의 문장이다.

2부. 구원의 벽화, 하늘의 성전으로 펼쳐지다 | 207

〈바티칸 궁전 천정화〉

르네상스 미술의 최고 유산: 〈라파엘로의 방〉

바티칸 궁전 라파엘로의 방은 르네상스 미술의 최고의 유산으로, 교회의 권위와 인간의 이성을 조화롭게 연결한 작품들로 가득 차 있다. 라파엘로는 기하학적 원근법, 빛과 색의 사용, 감정선의 표현을 통해, 각 방에서 신의 권위와 인간의 역동성을 동시에 표현하며, 예술적으로는 물론, 종교적, 정치적으로도 깊은 의미를 전달하는 공간으로 남아 있다.

라파엘로 4개 방의 예술적 특성
라파엘로의 4개 방은 라파엘로 미술의 정수를 보여주는 공간으로, 종교적 메시지와 인문주의적 가치를 균형 있게 표현한 작품들이다. 각 방의 벽화는 역사적 사건이나 성경적 사건을 중심으로 구성되며, 시각적 구도와 빛과 그림자의 사용을 통해 인간과 신, 교회의 권위가 어떻게 연결될 수 있는지에 대한 강력한 메시지를 전달한다.

색채와 빛의 활용: 라파엘로는 이 방에서 색의 강렬한 대조와 빛의 집중을 통해 신의 개입을 강조하며, 각각의 사건에 깊이를 더했다. 빛의 흐름과 색의 배치를 통해 인물들의 감정선과 상황의 긴장감을 극대화했다.

원근법과 공간 구성: 라파엘로의 원근법 사용은 이 방의 가장 큰 특징 중 하나로, 각 방의 벽화들은 물리적 공간을 넘어서 정신적, 신학적 의미를 표현하는 데 중요한 역할을 했다. 인물들의 배치와 구도는 관람객이 그림 속 사건에 몰입할 수 있도록 심리적 깊이를 부여한다.

인물들의 감정선과 제스처: 라파엘로는 인물들의 표정과 제스처를 통해 심리적 갈등과 영적 변화를 표현하였다. 각 인물들은 상황에 따라 극적인 감정을 드러내며, 이는 작품을 동적인 감동을 주는 요소로 만들어준다.

바티칸 궁전 라파엘로의 4개 방은 르네상스 미술의 최고봉을 대표하는 공간으로, 예술적 완성도와 교회의 권위를 상징하는 벽화들이 그려진 공간이다. 이 방들은 라파엘로와 그의 제자들이 16세기 초반에 그린 작품들로 구성되어 있으며, 각 방은 그 당시 교황의 종교적, 정치적 목적을 반영하면서도 예술적 기법에서 뛰어난 혁신을 보여준다. 이 방들은 총 4개의 방으로 이루어져 있으며, 각 방은 독특한 주제와 구성으로 구분된다. 그럼에도 불구하고 전체적인 예술적 조화와 종교적 메시지가 연결되어 있다.

2부. 구원의 벽화, 하늘의 성전으로 펼쳐지다 | 209

〈바티칸 궁전 천정화〉

210 | 자비와 겸손의 목자 **교황 프란치스코**

〈바티칸 궁전 천정화〉

라파엘로의 빛, 권위, 시련, 지혜가 담긴: ⟨예술로 드러난 교회의 전례⟩

1. 시스토 방 (Stanza di Sigismondo)
이 방은 교황 시스토 4세의 명령으로 처음 장식되었으며, 나중에 라파엘로가 그 작업을 이어받았다. 주로 성경적인 사건과 기독교적인 상징들이 그려져 있는 이 방은 당시 교회의 권위를 강조하는 작품들로 가득 차 있다. 그 중 성모 마리아의 삶과 관련된 장면들이 중심을 이루며, 특히 라파엘로가 이 방에서 사용한 빛과 색의 강렬한 대조가 돋보입니다. 마리아와 예수의 이미지가 영적이고 신성한 분위기를 자아내면서도, 세속적 제스처와 인물의 감정적 깊이가 예술적으로 잘 표현되었다.

2. 엘리오도로 방 (Stanza di Eliodoro)
엘리오도로 방은 "예루살렘 성전에서 쫓겨나는 엘리오도로"를 주제로 한 벽화가 대표적이다. 이 방은 교황 레오 10세의 명령으로 라파엘로가 작업을 시작했으며, 교회의 권위와 신의 개입을 강조하는 작품들이 그려졌다. 이 방에서 라파엘로는 극적인 구성과 신의 신성한 개입을 강렬하게 그려내면서, 역사적 사건을 미술적으로 극대화했다. 특히, 이 방에서 라파엘로는 기하학적 원근법과 인물들의 감정 표현에 뛰어난 기법을 사용하여, 당시 교회의 권위가 어떻게 신의 뜻에 따라 확립된다는 메시지를 전달하고 있다.

3. 인판티 (상황방)
인판티 방은 라파엘로가 그린 여러 가지 성경적 사건을 중심으로 한 작품들이 장식되어 있다. 이 방은 교황의 정치적 힘과 영적 권위를 표현하는 데 중요한 역할을 했다. 벽화에는 성경의 이야기와 성스러운 인물들의 이미지를 중심으로 그려졌으며, 정신적 감정과 영적 정수가 더욱 강조됩니다. 빛의 사용이 특히 돋보이며, 각 사건에 대한 공간적 구성과 인물들의 감정선을 극대화하는 기법은 라파엘로 특유의 완벽한 균형을 이루고 있다. 이 방에서 볼 수 있는 빛과 어두움의 대조는 교회 내에서의 신성한 권위와 인간의 갈등을 묘사하는 방식이다.

4. 학교 방 (Stanza della Scuola di Atene)

가장 유명한 학교 방은 라파엘로의 대표작인 "아테네 학당"을 포함하고 있는 공간이다. 이 방은 고대 철학과 인문주의의 아이콘인 아리스토텔레스와 플라톤을 중심으로 한 작품들이 그려졌다. 이 방은 기독교와 고대 철학의 융합을 표현하며, 인문주의적 가치와 교회의 권위가 어떻게 결합될 수 있는지를 보여주는 중요한 작품이다. 특히 인물들의 구성과 배치는 인간 이성의 기초와 신의 뜻을 어떻게 연결할 수 있는지에 대한 사상을 시각적으로 표현한 뛰어난 예이다. 원근법과 공간적 구성에 대한 라파엘로의 혁신적 접근이 이 방에서 완벽하게 구현되었으며, 이를 통해 그는 이성과 신성의 만남을 예술적으로 나타냈다.

〈바티칸 궁전 천정화〉

1-1. 라파엘로 산치오: 예술의 절정, 아름다움과 조화의 복음
- 바티칸 회화 안에 펼쳐진 신앙과 진리의 서사

    라파엘로 산치오는 르네상스의 정점에서 고전의 이상과 기독교 신앙을 시각적으로 통합한 화가다. 그는 단순한 미의 표현자를 넘어, 계시를 그림으로 풀어낸 '시각 신학자'였다. 바티칸 궁전 내 '라파엘로의 방'에 구현된 그의 프레스코화들은 교회의 신학과 철학, 성서와 역사를 유기적으로 엮어낸 위대한 시각적 고백이며, 미학을 통한 전례의 형상화라 할 수 있다.

    라파엘로 산치오는 짧은 생애 속에서 예술과 신앙, 고전과 계시의 경계를 넘나든 르네상스의 화관을 쓴 천재였다. 불과 30대의 나이에, 그는 미켈란젤로와 레오나르도 다 빈치라는 거장들과 어깨를 나란히 하며, 고전의 균형미와 기독교 신학을 완벽한 시각 언어로 결합해냈다.

    라파엘로의 바티칸 회화는 단순한 미적 구현이 아니라, 교회의 전례와 교리를 눈으로 드러낸 복음이었다. 그는 화려한 감성이나 극적인 표현보다, 질서, 조화, 빛의 흐름을 통해 하늘의 진리를 그려낸 '조화의 화가'였다. 아테네 학당에서 보이듯 철학과 신앙이 충돌이 아닌 화해의 공간으로 만나는 순간, 그는 르네상스 인문주의의 가장 고귀한 목표를 이루었다.

    엘리오도로 방의 극적 서사, 성체 논쟁의 신학적 깊이, 콘스탄티누스의 세례처럼 역사를 신학으로 형상화한 장면들 속에서, 그는 화가를 넘어선 시각 신학자로 존재했다.

    요절했지만, 젊은 패기로 로마를 뒤흔든 그의 작업은 교회 예술의 새로운 전형을 세웠고, 남긴 프레스코 하나하나가 오늘날에도 기도처럼 관람자에게 말을 건넨다.

    라파엘로는 르네상스의 완성이었고, 예술을 통해 구원을 노래한 젊은 천재였다.

    라파엘로의 바티칸 회화는 단순한 미술이 아닌 '조화의 복음'이다. 그의 작품은 철학과 신앙, 이성과 은총, 고대와 교회가 만나는 자리에서, 하늘의 진리를 조화로운 미학으로 풀어낸 성화이며, 눈으로 드리는 기도다.

214 | 자비와 겸손의 목자 **교황 프란치스코**

그리스 철학에서 그리스도 진리로: 〈아테네 학당〉
Dalla filosofia greca alla verità di Cristo: 〈La Scuola di Atene〉

라파엘로 산치오
1508 / 프레스코 / 서명의 방, 바티칸 궁 / 바티칸

플라톤과 아리스토텔레스의 중심에 위치한 이 작품은 인간 이성이 진리를 향해 나아가는 여정을 담고 있다. 라파엘로는 고대 철학자들을 통해 진리 탐구의 보편성과 깊이를 보여주며, 그 여정의 완성이 그리스도 안에서 이루어진다는 신학적 전환을 암시한다.

프란치스코 교황은 "진리는 다가가게 하는 것이지, 배제하게 만드는 것이 아니다"라고 하셨다. 진리를 향한 대화, 교회는 철학과 신앙의 만남에서 배척이 아닌 수용으로 나아간다.

성전을 수호하는 하느님의 권능: 〈엘리오도로의 축출〉

Il potere di Dio che custodisce il Tempio: 〈La Cacciata di Eliodoro〉

라파엘로 산치오

1520년경 / 프레스코 / 바티칸 궁 / 바티칸

마카베오기 하권 3장에 따라, 엘리오도로가 성전의 보물을 탈취하려 하자 천사가 그를 내쫓는 장면이 묘사된다. 하느님의 집은 세속 권력에 의해 침탈될 수 없으며, 하느님은 거룩한 장소를 친히 지키신다. 프란치스코 교황은 "교회는 성전이 아니라 사람들을 위한 장막이어야 한다"고 하셨지만, 동시에 "성전의 영혼은 경외심"이라고 강조하셨다. 이 작품은 거룩함에 대한 하느님의 단호한 수호를 그린다.

2부. 구원의 벽화, 하늘의 성전으로 펼쳐지다 | 217

218 | 자비와 겸손의 목자 **교황 프란치스코**

그리스도의 현존, 성사적 중심
〈성체 신비〉

이 방은 라파엘로가 그린 작품들 중 중요한 역사적 사건을 다룬 벽화들로 장식되어 있으며, **교회의 권위**와 **성스러운 신비**를 강조하는 작품이 많다. "성체 신비"는 성체의 신비와 관련된 기적을 다루고 있으며, **교회의 신성함**과 **신의 은총**을 강조하는 작품이다.

서명의 방은 주로 교황 **유리우스 2세**의 **행정적 공간**으로 사용되었으며, 라파엘로의 작품이 이 방을 장식함으로써 **교회의 권위**와 **신성함**을 더욱 돋보이게 했다.

그리스도의 현존, 성사적 중심: 〈성체 신비〉

La presenza di Cristo,
centro sacramentale:
〈Il miracolo dell'Eucaristia〉

라파엘로 산치오
16세기 초반 / 프레스코 /
바티칸 궁 라파엘로 서명의 방 / 바티칸

성체를 높이 든 주교를 중심으로 하여 하늘과 땅, 성인과 신학자들이 하나 되어 경배하는 장면은 성찬례 안에 실제로 현존하시는 그리스도의 신비를 드러낸다. 이는 "나를 기념하여 이를 행하라"는 루카 22,19의 말씀을 시각화한 전례적 중심 이미지이다. 프란치스코 교황은 "성체는 기억의 성사이며, 예수님의 사랑의 최고 표현"이라 하셨다. 교회는 성체 안에서 구원의 정점에 다가선다.

바티칸 궁전 천정화
〈오스티아 해전과 보르고 대화재〉
"보르고 방(Stanza dell'Incendio di Borgo)"

이 방은 라파엘로의 제자들이 주도하고, 라파엘로가 감독한 작업으로 꾸며졌으며, 주로 교황 레오 3세와 레오 4세의 역사적 사건들을 중심으로 구성되어 있다. 〈보르고 대화재〉 교황 레오 4세가 기도로 불길을 진압한 전설적 사건. 〈오스티아 해전〉 849년, 레오 4세가 이슬람 함대를 격퇴한 오스티아 해전의 승리. 〈레오 3세와 카를 대제의 만남〉, 교황 레오 3세가 프랑크 왕 카를 대제와 만나 교황권과 제국의 협력을 상징. 〈레오 4세의 대관식〉 실제 역사에서는 레오 3세가 대관했지만, 교황권의 일관성을 강조하기 위해 레오 4세로 설정됨.

224 | 자비와 겸손의 목자 **교황 프란치스코**

하느님의 구원 역사에 참여하는 교회의 승리: 〈오스티아 해전〉
Battle of Ostia

라파엘로 산치오
16세기 초반 / 프레스코 / 바티칸 궁 라파엘로 엘리오도로 방 / 바티칸

오늘날까지 **오스티아 해전**은 이탈리아 역사에서 중요한 사건으로 기념되고 있으며, **교황 레오 4세의 업적**은 **레오 1세의 이름을 딴 성벽**과 **라파엘로의 르네상스 그림**을 통해 기념되고 있다. **라파엘로**는 이 역사적 사건을 그의 "오스티아 전투"라는 작품을 통해 시각적으로 재현하여, **교회의 승리와 권위**를 예술적으로 묘사했다. 이 작품은 **교황권**의 승리를 강조하는 중요한 상징적 작품으로, 르네상스 미술의 예술적 깊이를 보여준다.

시편 44편은 말한다: "그들의 칼이 아니라, 주의 오른손과 빛나는 얼굴이 승리케 하셨나이다." 하느님의 승리는 정의와 자비 안에서 완성된다.

재앙을 막는 교회의 중재: 〈보르고 대화재〉
L'intercessione della Chiesa che ferma la calamità: 〈L'Incendio di Borgo〉
라파엘과 그의 제자들
16세기 초반 / 프레스코 / 바티칸 궁 엘리오도로 방 / 바티칸

보르고 지역에서 발생한 대화재를 교황 레오 4세의 기도와 축복으로 진압한 전승을 시각화한 작품이다. 라파엘로는 이 장면을 단순한 기적의 묘사로 그치지 않고, 교황의 신적 권위와 교회의 중재자적 역할을 상징적으로 표현했다. 불길이 치솟는 혼란 속에서, 레오 4세는 침착하게 축복의 손짓을 하며 하늘에 기도하고, 그 순간 불이 멈추는 초자연적 사건이 펼쳐진다. 이 작품은 교황의 신성한 권위를 강조하며, 교회의 영적 지도력을 상징적으로 보여주고 있다.

회심과 은총의 역사: ⟨콘스탄티누스의 세례⟩
La storia della conversione e della grazia: ⟨Il Battesimo di Costantino⟩

잔 프란치스코 페니 (라파엘로 산치오 제자)

1517-1524 / 프레스코 / 바티칸 궁 라파엘로 엘리오도로 방 / 바티칸

'콘스탄티누스의 세례' 작품의 배경이 된 곳은 라테란 대성당의 세례당이다. 실제로 이곳은 콘스탄티누스 대제가 막센티우스의 대군과의 전투에서 승리한 후 황제로 추대되었던 장소이기도 하다. 라테란 대성당 세례당의 팔각형 구조를 절반으로 나누어 표현한 기법과 팔각 구조를 받치는 이오니아식 기둥이 잘 표현되어 있다고 평가받는다. 콘스탄티누스 황제가 세례를 받는 장면은 기독교가 박해의 시대를 지나 공인과 제도적 기반을 얻게 되는 전환점을 상징한다. 회심은 개인의 변화뿐 아니라 문명 전체를 변모시킨다.
에페소서 2,8 "너희가 구원을 얻은 것은 믿음으로 말미암은 은총이다."
"은총은 항상 놀라운 방식으로 찾아온다"고 하셨다. 이 그림은 역사 속에서 실현된 은총의 순간이다."
- 교황 프란치스코

228 | 자비와 겸손의 목자 **교황 프란치스코**

십자가의 표징, 제국을 이끄는 표징: 〈황제 콘스탄티누스〉
Il segno della Croce, segno che guida l'Impero:
〈L'Imperatore Costantino〉

라파엘로 산치오와 제자들
16세기 초반 / 프레스코 / 바티칸 궁 라파엘로 엘리오도로 방 / 바티칸

"이 표징으로 승리하리라(In hoc signo vinces)"는 환시 속의 십자가는, 로마 황제가 하늘의 뜻에 따라 정치적 결단을 내리게 된 결정적 계기를 형상화한다. 이는 권력이 아니라 신앙을 따라 움직일 때 진정한 승리가 주어진다는 복음적 메시지를 전한다.
"십자가는 실패의 상징이 아니라, 새로운 시작의 문"이라고 하셨다. 십자가는 역사 속 진리의 불꽃이다." - 교황 프란치스코

인간적 아름다움 속 은총의 질서: 〈갈라테아의 승리〉
L'ordine della grazia nella bellezza umana: 〈Il Trionfo di Galatea〉

라파엘로 산치오

1511 / 아프레그라피 / 파르네시나 궁전 / 로마 /

이교적 주제를 다룬 이 작품에서 라파엘로는 육체미를 찬미하면서도, 그 안에 조화와 질서를 담아낸다.
이는 단순한 미의 묘사가 아니라, 하느님이 창조한 인간 존재의 존엄성과 아름다움을 반영한다.
창세기 1,31 "하느님께서 보시니 참 좋았다." 교회는 인간의 육체마저도 은총 안에서 아름다움으로 받아들인다.
교황 프란치스코께서는 *"모든 피조물 안에 하느님의 숨결이 있다"*고 말한다.

'무염시태 교의 선포' 〈복되신 동정 마리아의 원죄 없으신 잉태〉

교황 비오 9세가 1854년 원죄 없는 마리아의 잉태를 교리로 선포한 사건을 기념하는 이 작품은 당시 라파엘로의 제자들이 그린 작품으로, 교회와 교리의 권위를 강조하는 중요한 의미를 가지고 있다.

시스토 방은 **기독교의 중요한 사건들**을 중심으로 꾸며져 있다. 그 중 **복되신 동정 마리아의 원죄 없으신 잉태**와 관련된 작품은 교리적으로 중요한 메시지를 담고 있으며, 교회의 **정통적 가르침**을 시각적으로 표현하고 있다.

'무염시태 교의 선포' 〈복되신 동정 마리아의 원죄 없으신 잉태〉
La proclamazione del dogma dell'Immacolata Concezione:
〈L'Immacolata Concezione della Beata Vergine Maria〉

프란치스코 포데스티

1859-1860 / 프레스코 / 바티칸 궁전 시스토 방 / 바티칸

1-2. 미켈란젤로: 시간과 영원의 경계에서
　　천상의 드라마 - 미켈란젤로〈천지창조〉에 나타난 구원의 서사

1. 시작의 어둠 속에서: 창조의 첫 장면

시스티나 경당의 천장, 그 하늘에는 인간의 눈으로 볼 수 없는 창세기의 첫 말씀이 회화로 새겨져 있다.

"태초에 하느님께서 하늘과 땅을 창조하셨다." (창세 1,1)

미켈란젤로는 어둠과 혼돈에서 빛과 질서를 불러내신 창조주 하느님의 위엄을, 강렬한 제스처와 장엄한 인체 묘사로 표현한다. 하느님의 옷자락은 바람처럼 휘날리고, 시간과 공간은 그 손짓에 따라 빚어진다.

이 장면은 단순한 자연 현상의 설명이 아니다. 그것은 혼돈 속에서 질서를 부르시는 하느님의 말씀, 즉 **로고스(Logos)**의 미학적 구현이다. 그 말씀은 지금도 우리 안에서 빛을 비추는 성사적 시작이 된다.

2. 아담의 창조: 인간 존엄의 시각화

가장 널리 알려진 〈아담의 창조〉는 단지 한 인물의 탄생이 아니다.

그것은 하느님과 인간의 관계가 "닿을 듯 닿지 않는 손끝" 사이에서 선언되는 장면이다.

하느님은 지친 노동자가 아니라, 의지와 생명으로 충만한 창조주로서, 자신의 형상대로 사람을 만드신다.

"우리는 우리 모습, 우리와 비슷한 모습으로 사람을 만들자." (창세 1,26)

아담은 하느님의 생기를 기다리는 존재이다. 완성되지 않은 손끝, 그 미묘한 긴장은 인간이 하느님 없이는 생명도, 의미도 가질 수 없다는 진리를 상징한다.

천주교 성사신학에서는 이 순간을, 하느님의 은총이 성사들을 통해 인간에게 끊임없이 부어지는 순간으로 해석할 수 있다.

3. 하와의 창조와 타락: 자유와 상처의 드라마

아담의 옆구리에서 하와가 창조된다. 이는 단순한 신화적 장면이 아니라, 성경이 말하는 관계성의 성사적 기원을 시각화한 것이다.

여기에서 부부 사랑과 교회의 탄생, 그리고 그리스도의 옆구리에서 흘러나오는 성사(성체와 세례)의 상징이 동시에 떠오른다.

하지만 낙원은 오래가지 않는다. 원죄의 순간, 아담과 하와는 유혹에 귀 기울이며, 인간 자유의 그림자가 드리워진다. 이 장면은 인간의 자유가 가져온 하느님과의 단절, 그리고 그로 인한 전 존재적 상처를 선포한다.

4. 노아의 이야기: 심판과 자비의 교차로

대홍수의 장면은 창조의 완벽한 조화가 무너지고, 인류가 다시 심판의 물속으로 가라앉는 모습을 그린다.

하지만 그 안에서도 노아의 제물은 하느님께 바쳐지고, 하느님은 다시는 인류를 멸망시키지 않겠다고 약속하신다.

이 희생은 예수 그리스도의 희생 제물, 곧 성체성사에 대한 예표로 해석된다.

5. 전체 천장의 구조: 구원사적 신비의 공간

미켈란젤로는 천장을 단순한 이야기 그림으로 채우지 않았다.

그는 중심 창세기 장면들 주위에 구약의 예언자들과 고대 이방 시빌라들을 배치하였다.

이는 유대인과 이방인 모두가 그리스도의 오심을 기다리는 구원사의 거대한 흐름에 포함되어 있다는 것을 상징한다.

또한 네 구석과 중간에는 구약의 다른 장면들 - 예언과 희생, 구원의 전조 - 가 그려져 있으며, 이 모든 것이 그리스도 중심의 교회적 구원 서사로 모인다.

6. 성사적 해석: 천장은 곧 성사적 세계관

시스티나 천장은 단지 과거의 회화가 아니다. 그것은 지금도 미사 중 성체 앞에 선 우리가 함께 참여하는 성사적 현실의 상징이다.

창조의 손길은 지금도 세례를 통해 영혼을 깨우고,

타락의 고통은 고해성사를 통해 회복되며,

노아의 제물은 매 미사 때 성체의 제물로 우리 앞에 놓인다.

미켈란젤로는 물감으로만 그림을 그린 것이 아니라, 하느님의 구원 드라마 전체를 천장의 공간에 새겨, 인간 존재 전체를 전례와 은총의 시선으로 비추도록 만들었다.

창세기 - 하느님의 말씀으로 창조된 질서 〈천지창조〉 천정화

하느님의 말씀으로 창조된 질서 〈천지창조〉
Creazione di Adamo
미켈란젤로 부오나로티
1508-1512 / 프레스코 / 시스티나 성당 천장 / 바티칸 /

〈천지창조〉는 창세기 삽화가 아니라, 천주교적 세계관 아래 인간 존재의 비밀을 밝히는 시각적 성사이다. 미켈란젤로는 성경과 신학, 조형 예술과 인간학을 통합하여 "하늘에 그려진 복음"을 완성하였다. 그 천장을 올려다보는 우리는 단순한 감상이 아니라, **참여의 시선으로, 하느님의 구원 계획에 응답하는 존재**로 서게 된다.

1-3. 미켈란젤로: 시간과 영원의 경계에서
마지막 날의 빛 앞에서
- 미켈란젤로 〈최후의 심판〉에 나타난 구원의 완성 서사

1. 하늘과 땅, 모든 것을 향한 마지막 부름

"죽은 이들의 부활과 내세의 삶을 믿나이다. 아멘."

사도신경의 이 고백은 미켈란젤로의 **〈최후의 심판〉**을 마주할 때 생생한 현실로 다가온다.

시스티나 경당의 제대벽을 장엄하게 뒤덮은 이 거대한 프레스코화는, 종말의 날, 곧 그리스도께서 다시 오셔서 산 이와 죽은 이를 심판하시는 순간을 시각적으로 선언한다.

그곳에는 시간도 멈추고, 땅과 하늘의 장막이 걷히며, 모든 인류가 생명책 앞에 선다.

2. 중심 인물: 심판자 그리스도

벽의 중심에는 전통적인 자비의 그리스도가 아닌, 권능과 위엄으로 가득 찬 심판자의 모습을 한 예수 그리스도가 자리 잡고 있다.

그는 오른손을 들어 의인들을 부활로 불러 올리고, 왼손은 죄인들을 낙원 밖으로 돌려보낸다.

이는 요한복음 5,28-29의 말씀을 구현한다:

"무덤 속에 있는 자들이 모두 그의 음성을 듣고 나올 때가 오고 있다. 선을 행한 이들은 생명의 부활로, 악을 행한 이들은 심판의 부활로 나올 것이다."

그리스도의 몸은 죽음을 이긴 부활체이자, 인류 역사의 심판관이며, 성사적 시간의 완성자다.

3. 성모 마리아와 성인들: 중재의 자리에서 물러나는 순간

그리스도 곁의 성모 마리아는 보통의 중보자 역할에서 물러나, 침묵의 자리에 서 있다.

이것은 "지금은 자비의 시간이며, 그날은 심판의 날"이라는 천주교적 종말론의 긴장을 보여준다.

주위의 성인들, 특히 세례자 요한, 성 베드로, 성 바르톨로메오 등은 저마다 고유한 고난의 표징을 지닌 채, 하느님의 정의가 이루어지는 날을 증언하고 있다.

성 바르톨로메오는 껍질 벗겨진 자신의 살가죽을 들고 있는데, 그 얼굴은 미켈란젤로 자신의 초상으로 알려져 있다.

이 장면은 예술가 자신도 그리스도의 심판 앞에 선 죄인 중 하나임을 고백하는 내적 참회를 담고 있다.

4. 위로 올라가는 영혼들, 아래로 끌려가는 자들

왼쪽 위: 부활한 의인들이 천사의 나팔소리에 깨어나 천국으로 올라간다.

오른쪽 아래: 죄인들은 마귀에 의해 지옥으로 끌려가며, 절망, 두려움, 저항이 그 얼굴과 몸짓에 생생하다.

이 분할은 단순한 장르적 구분이 아닌, 심판의 실존적 결과를 드러낸다.

"너희는 복된 이들이다… 너희는 저주받은 자들이다…" (마태 25,31-46)

여기에는 성사의 삶과 무관한 영혼, 은총을 거부한 자의 최종 선택에 대한 경고가 담긴다. 즉, 하느님의 심판은 전능의 강제라기보다, 인간의 선택이 정화되어 드러나는 거울이다.

5. 천사들의 상징과 전례적 도상학

제대 정면 중앙에는 십자가와 수난 도구들(Arma Christi)을 들고 있는 천사들이 보인다.

십자가, 가시관, 못, 창, 채찍 등은 그리스도 수난의 증거물이며, 동시에 성사적 구원의 근거이다.

이 도구들은 미사 전례 안에서 항상 "기억되고 재현되는 구원 사건"이다.

그리스도는 단지 심판하는 주님이 아니라, 우리를 위하여 당신 자신을 내어주신 어린양이며, 그 희생은 성체성사 안에서 오늘도 계속되어 우리에게 자비의 기회를 준다

6. 미술사적 맥락: 중세의 종말론에서 르네상스 인간학으로

중세의 **로마네스크 양식의 '공포의 최후의 심판'**이 죄의 심판을 강조했다면, 미켈란젤로는 르네상스 이후 인간 존재 전체의 존엄성과 드라마에 집중한다.

그의 인체 묘사는 선과 악의 내면을 육체로 드러낸다.

심판은 두려움만이 아니라, 인간의 자유와 책임, 그리고 은총과 협력의 결과를 입체적으로 보여 준다.

또한 당시 종교개혁(1517)의 여진과 트리엔트 공의회(1545-1563)의 전야에 그려졌다는 점에서, 이 작품은 가톨릭 교회가 스스로의 성사성과 권위를 회복하는 시각적 신학 선언이기도 하다.

7. 성사적 해석: 종말은 위협이 아닌 초대

천주교 성사신학은 종말을 두려움의 사건이 아니라, 성사로 준비된 만남으로 본다.

세례는 죽음과 부활을 미리 살아가는 사건,

고해성사는 마지막 심판 이전에 받는 자비의 심판,

성체성사는 미래의 천상 잔치의 선취(先取)이다.

〈최후의 심판〉은 이런 성사적 삶의 끝에서, 우리가 '그 날'을 어떻게 맞이할지를 묻는 회화적 고백서이다.

그것은 지금 여기에서 어떻게 사랑할 것인가, 무엇에 응답하며 살 것인가를 새롭게 질문하게 한다.

구속의 완성 - 종말론적 희망과 두려움: ⟨최후의 심판⟩
Giudizio Universale
미켈란젤로 부오나로티
1535-1541 / 프레스코 / 시스티나 성당 천장 / 바티칸

영원한 오늘의 심판
미켈란젤로의 ⟨최후의 심판⟩은 단지 과거의 대작이 아니라, "오늘 너희가 그분의 음성을 듣거든 마음을 완고하게 하지 마라"(히브 3,15)는 말씀을 회화로 외치는 **예언자의 벽화**이다.
그 벽 앞에서 우리는 심판의 공포가 아니라, **은총의 날, 자비의 오늘, 사랑의 결정 앞에 서 있는 자신**을 보게 된다.
그리고 마침내 깨닫게 된다: **"그날은 올 것이다. 그러나 오늘 우리는 선택할 수 있다."**

구속의 완성 - 종말론적 희망과 두려움: 〈최후의 심판〉
Giudizio Universale

미켈란젤로 부오나로티

1535-1541 / 아프레그라피 / 시스티나 성당 천장 / 바티칸 /

제2장.
예표의 그림자에서, 구원의 빛으로
- 구약의 예형과 신약의 예고 속에 드러나는 구원의 도입부

　라파엘로와 그의 동시대 화가들이 그려낸 이 네 장면은 단순한 성경 일화를 넘어서, 미학적 구속사를 형상화한 시각 신학이다.

　〈이집트로 가는 모세〉에서 모세는 단순한 인도자가 아닌 예수 그리스도의 예형으로, 물을 가르며 인류 구원의 강을 연다.

　〈성스런 나무에 대한 경배〉는 십자가가 이미 인류 역사 안에 예비된 섭리의 상징임을 조명하며, 솔로몬과 스바 여왕은 구약과 이방 세계, 곧 전 인류가 구원에 동참함을 암시한다.

　〈마리아의 결혼식〉은 인간 혼인이 신적 계약으로 승화되는 장면으로, 하느님의 말씀이 인간 가정 안에 머무르는 신비를 아름답게 시각화한다.

　마지막으로 〈헤롯 왕의 연회와 살로메의 춤〉은 육체의 욕망과 하느님의 진리가 충돌하는 비극의 순간을 예술적으로 그려내며, 예언자의 피가 십자가를 비추는 등불이 되었음을 말한다.

　이 네 작품은 빛과 구도, 감정의 절제된 표현을 통해 고대 예형과 신약의 성취를 연결하는 회화적 전례를 구현한다.

244 | 자비와 겸손의 목자 **교황 프란치스코**

'해방의 인도자': 〈이집트로 가는 모세〉
La guida della liberazione:
〈Mosè in viaggio verso l'Egitto〉

피에트로 페루지노
1482 / 프레스코 / 시스티나 성당 / 바티칸 /

"내 백성을 보내어 나를 예배하게 하여라." (탈출기 9,1)
"모세는 충실한 종으로서 하느님의 온 집안을 돌보았습니다. 그러나 그리스도는 아들로서 하느님의 집안을 다스립니다." (히브리서 3,5-6)
이 장면의 모세는 단순한 민족의 지도자가 아니라, 종말론적 해방을 예고하는 그리스도의 예형이다. 그는 억눌린 백성을 이끌고 홍해를 건너며, 물을 가르듯 인간의 역사 속죄의 사슬을 끊는 구속사의 강을 연다.

〈성스러운 나무 경배와 솔로몬 왕과 스바 여왕의 만남〉
L'adorazione dell'albero sacro e l'incontro tra il re Salomone e la regina di Saba
피에로 델라 프란체스카
1452-1460 / 프레스코 / 성 프란치스코 성당 / 아레초 /

"그 나무는 생명나무 같았고, 그것을 붙잡는 이는 행복하였다." (잠언 3,18)
"나무에 달려 죽은 이는 저주받은 자입니다." (신명기 21,23; 갈라티아서 3,13)
이 작품은 십자가의 나무가 시간의 흐름 안에서 예비되었음을, 인간 역사 안에 하느님의 섭리가 스며 있었음을 보여준다. 솔로몬과 스바 여왕의 만남은 구약과 이방 세계의 조우이며, 그들의 경배는 장차 모든 민족이 십자가 앞에 무릎 꿇을 것을 예시한다.
"십자가는 패배가 아니라, 새로운 생명의 시작입니다. 거기서 하느님은 당신의 영광을 숨기셨습니다."
(2014년 성 금요일) - 교황 프란치스코

248 | 자비와 겸손의 목자 **교황 프란치스코**

'성가정의 시작':
〈마리아의 결혼식〉
〈Il Matrimonio della Vergine Maria〉

라파엘로 산치오

1504 / 아프레그라피 / 브레라 미술관 / 밀라노

"그는 정식으로 마리아와 약혼하였고…" (마태오 1,18)
"이 계약은 내가 그들의 마음속에 새길 것이다." (예레미야 31,33)
이 결혼은 단지 두 사람의 결합이 아니라, 인류 구원의 길을 여는 신비로운 계약의 시작이다. 요셉과 마리아의 혼인은 하느님과 인류 사이에 맺어질 새롭고 영원한 계약을 예비하며, 이 가정 안에서 하느님의 말씀이 사람이 되어 자라난다.
"가정은 하느님의 드라마가 펼쳐지는 첫 무대이며, 사랑은 그 안에서 성숙해지는 계약입니다." (2015년 가정에 관한 세계 대회 연설) - 교황 프란치스코

'세례자 요한 죽음: 〈헤롯 왕의 연회와 살로메의 춤〉

La morte di Giovanni Battista:
〈Il banchetto di Erode e la danza di Salomè〉

필리포 리피
1460-1464 / 아프레그라피 / 산토 스테파노 대성당
/ 프라토 /

필리포 리피의 〈헤롯 왕의 연회와 살로메의 춤〉은 **세례자 요한의 순교가 단순한 역사적 비극이 아닌, 구원의 예비를 위한 신비로운 전조**임을 보여준다. 살로메의 춤은 인간 욕망의 치명적 유혹을 상징하고, 요한의 목숨은 진리를 향한 증언의 대가로 바쳐진다. 요한은 메시아의 오심을 미리 선포한 **새 시대의 예언자**였으며, 그의 죽음은 그리스도의 십자가를 앞서 조명하는 **구속사의 횃불**이었다. 진리는 침묵 속에서도 외치고, 어둠 속에서도 빛을 남긴다.

"진리는 종종 침묵 속에 외칩니다. 세례자 요한처럼 우리는 때로 고독하게, 그러나 분명히 말해야 합니다." (2019년 대림절 강론) - 교황 프란치스코

제3장.
말씀, 빛으로 채색되다
- 색채 속에 새겨진 성화의 신비

잉태에서 수난까지, 구원의 빛으로 그려진 복음의 여정

'말씀, 빛으로 채색되다'는 인간 역사 안으로 들어오신 하느님의 이야기를, 예술가들의 붓끝과 영성으로 풀어낸 복음의 여정이다. 잉태에서 부활까지의 이 시각적 묵상은 단순한 재현이 아니라, 기도와 감탄이 섞인 찬미의 그림성서다.

베아토 안젤리코의 〈수태고지〉는 성령의 그늘 아래 고요히 펼쳐진 잉태의 신비를, 필리포 리피는 보다 인간적이고 감각적인 색채로 표현했고, 핀투리키오는 장식성과 서정미로 이를 승화했다. 같은 주제이지만 각기 다른 해석은 하느님의 말씀에 대한 응답이 사람마다 다르듯, 작가마다의 고유한 신앙 표현으로 빛난다.

탄생과 동방박사의 경배, 피신 장면에 이르기까지 조토, 페루지노, 고촐리 등은 구유와 별빛 속에서 태어난 빛으로 오신 사랑을 그려냈다. 그 사랑은 감성적 아름다움만이 아니라, 민족과 계층을 초월한 구원의 도달성을 상징한다.

성모와 아기 예수를 그린 여러 성화들은 인간 안에 머무는 하느님의 성사적 임재를 상징한다. 그림자 속의 마리아, 위안의 성모, 그리고 성자와 학자들의 논쟁에 담긴 어린 예수의 지혜는 하느님의 말씀이 인간 안에서 자라나는 과정을 그린다.

그리스도의 세례 장면에서 다 빈치와 페루지노는 물과 빛의 경계 속에서 "이는 내 사랑하는 아들이다"라는 선포를 고요하게 시각화하며, 공생활의 시작을 성스러운 여명처럼 표현한다.

공생활 중 기적과 가르침을 다룬 작품들은 신성한 권능과 인간의 치유를 동시에 담아내는데, 특히 마사초의 〈성전세〉나 페루지노의 천국 열쇠 장면은 신적 권위의 이양과 인간 사회 안의 복음 적용이라는 이중 메시지를 전한다.

'최후의 만찬'은 수많은 화가들의 영적 실험장이었다. 다 빈치는 인간의 감정과 배신의 드라마를, 기를란다요는 전통 속에 녹아든 의례를, 비잔틴 작가는 성사적 일치와 형식미를 강조했다.

마침내 십자가와 부활에 이르는 장면은 모든 성화의 절정이다. 조토의 '변모'와 '십자가형', 미켈란젤로의 〈피에타〉는 고통을 품은 사랑이 어떻게 구원으로 승화되는지를 조형적으로 증언한다. 르네상스 화가들과 후대의 작가들은 경쟁 속에서도 각자의 독자성을 잃지 않았고, 동일한 복음의 장면을 각기 다른 언어로 해석하며 하나의 진리를 다르게 노래했다.

이들은 각기 다른 손이지만, 하나의 마음으로 빛을 그리고, 우리의 눈으로 복음을 읽게 해주는 사도들이었다. 이 여정은 예술을 통한 기도, 그리고 빛으로 드러나는 구원의 예식이다.

3-1. 성령의 그늘 아래서, 말씀이 잉태되다
- 구원의 서막: 하느님의 말씀과 인간 응답의 만남

"성령께서 너에게 내려오시고 지극히 높으신 분의 힘이 너를 감싸실 것이다." (루카 1,35)

254 | 자비와 겸손의 목자 **교황 프란치스코**

'안젤리코: 〈수태고지〉
Annunciazione

베아토 안젤리코

1430년 후반 / 아프레그라피 /
산 마르코 수도원(북쪽 회랑) / 피렌체 /

베아토 안젤리코의 〈수태고지〉는 투명한 빛과 고요한 정적 속에서 고딕의 영성과 초기 르네상스의 이상주의가 정제된 형태로 공존하는 작품이다. 마리아는 고개를 숙이고 두 손을 겸손히 모은 채, 하느님의 부르심 앞에 순명으로 응답한다. 그녀를 둘러싼 건축적 공간은 단순한 배경이 아니라, 수도원적 침묵과 내면의 정결함을 상징하는 묵상의 무대다.

천사는 말을 멈춘 듯 경외에 찬 자세로 조심스럽게 다가서며, 그 입술 너머로 전해지는 하느님의 말씀은 오히려 침묵의 깊이를 통해 울려 퍼진다. 이 작품은 말보다 침묵, 동작보다 응시를 통해 성육신의 신비가 깃드는 순간을 시각적으로 기도하게 한다. "말씀이 사람이 되시어 우리 가운데 사셨다." (요한 1,14)

"마리아는 듣는 분이었습니다. 듣는 마음 안에서 말씀은 육화됩니다." (2020년 성탄 전례 강론) - 교황 프란치스코

필리포 리피의 〈수태고지〉는 섬세한 곡선과 인간적인 표정을 통해 세속적 아름다움과 신비의 경건함이 조화를 이루는 작품이다. 마리아는 침대가 놓인 실내에 앉아 있으며, 그녀의 자세와 표정은 여성적 연약함 속에 감춰진 신비에 대한 개방성과 내적 힘을 드러낸다.
천사는 극적인 손짓과 역동적인 자세로 말을 건네며, 화면 전반에는 거룩한 대화의 긴장감이 흐른다. 잉태는 성령의 힘으로 이루어지지만, 그 성사는 마리아의 자유로운 '예'에 의해 완성된다.
리피는 이를 시각적으로 풀어내어, 하느님의 은총과 인간의 응답이 만나는 자리를 하나의 섬세한 서사로 그려낸다. 이 작품은 일상적 공간 안에 스며든 신비의 사건을 통해, 성육신의 순간이 하늘과 땅, 신성과 인간의 자유가 교차하는 지점임을 암시한다.
"보십시오, 저는 주님의 종입니다. 말씀대로 저에게 이루어지기를 바랍니다." (루카 1,38)
"*하느님께서는 문을 부수고 들어오지 않으십니다. 마리아처럼, 우리는 '예'라고 말할 수 있는 자유를 부여받은 존재들입니다.*" (2018년 세계 청년의 날) - 교황 프란치스코

'필리포 리피': 〈수태고지〉
Annunciazione
필리포 리피
1467-1469 / 아프레그라피 / 산타 마리아 델 아순타 대성당 / 스폴레토 /

258 | 자비와 겸손의 목자 **교황 프란치스코**

'핀투리키오': 〈수태고지〉
Annunciazione

핀투리키오
1501 / 아프레그라피 / 발리오니 성당, 산타 마리아 마지오레 성당 / 스펠로 /

핀투리키오의 〈수태고지〉는 세밀한 장식성과 선명하게 대비되는 색채, 고전적 기하학 구도 속에 풍요로움을 담아낸 작품이다. 정교한 건축과 화면 뒤로 펼쳐지는 정원은 수태고지의 사건이 단지 개인의 순간이 아니라, 우주적 차원의 성육신임을 암시한다. 마리아는 책을 읽던 중 멈추어 천사를 바라보며, 말씀과 응답 사이, 하느님의 계시와 인간의 자유가 만나는 중간 지점에 서 있다.

이 작품은 질서와 장식, 상징과 서사의 균형 속에서 성사의 신비가 펼쳐지는 순간을 극적으로 포착하며, 구원의 시간이 역사와 공간 속에 스며드는 장면을 시각화한다.

"그 말씀은 먼 옛날부터 준비되어 있었고, 마침내 하나의 '순간' 안에 잉태된다."

"말씀이 사람 안에 들어오면, 세상은 다시 피어납니다. 마리아 안에서 시작된 이 생명의 운동은 오늘도 계속됩니다." (2021년 성모 수태 대축일) - 교황 프란치스코

3-2. 빛으로 태어난 사랑 - 아기 예수와 계시의 별

"하늘에는 별이 나타났고, 그 별은 그들을 인도하였다." (마태 2,9)

'피에트로 페루지노': 〈아기예수의 탄생〉
Nativita
피에트로 페루지노
1496-1500 / 아프레그라피 / 콜레지오 델 캄비오 / 페루자 /

피에트로 페루지노의 〈아기 예수의 탄생〉은 정제된 구성과 밝고 맑은 색채를 통해 기도처럼 고요하고 경건한 분위기를 자아낸다. 성가정은 화면의 중심에 단정하게 자리 잡고 있으며, 주변의 천사들과 목동들은 소리 없는 찬미로 아기 예수께 경배를 드린다.
하늘은 열려 있고, 그 위로부터 부드러운 빛이 내려와 땅 위를 감싸며, 신성과 인간, 하늘과 땅이 만나는 평화로운 시공간을 형성한다. 이 장면은 "하느님의 사랑이 낮은 자 안에 몸을 담그셨다"는 성육신의 신비를 시각적으로 드러내며, 겸손 속에 임하신 은총의 현존을 고요한 질서 속에 구현한다.
"하느님은 소란스러운 궁전이 아니라, 조용한 마구간 안에 당신의 사랑을 놓으셨습니다." (2020년 성탄 전야 미사) - 교황 프란치스코

'핀투리키오' 〈아기 예수의 탄생〉
Nativita

핀투리키오 1504 / 아프레그라피 /
발리오니 성당, 산타 마리아 마지오레 성당 / 스펠로 /

핀투리키오의 〈아기 예수의 탄생〉은 풍요롭고 장식적인 배경 속에 도시적 풍경과 천상의 전경이 조화를 이루며 펼쳐진다. 화면 중심의 마리아와 요셉은 아기 예수를 향해 깊이 몰입된 제스처를 보이며, 신비에 대한 경외와 인간적 사랑을 동시에 드러낸다. 그들의 표현은 성육신의 신성과 인간성이 교차하는 순간의 감정적 진실을 보여준다.

후경에서는 동방박사의 행렬이 먼 거리에서 다가오고 있으며, 과거와 미래, 땅과 하늘이 하나의 장면 속에 겹쳐진다. 이 작품은 성탄의 사건이 단지 역사적 한 순간이 아닌, 구원의 계시가 시간과 공간을 초월해 펼쳐지는 신비임을 시각적으로 암시한다.

"시간의 충만함 속에, 하느님께서 당신 아드님을 보내셨다." (갈라 4,4)
"예수님은 우리 일상의 시간 안에 들어오신 구원자입니다. 그분이 태어난 자리는 작고, 그러나 그것이 바로 하느님의 위대함입니다." (2019년 성탄 메시지)
- 교황 프란치스코

'조토 디 본도네' 〈동방박사의 경배〉
Adorazione dei Magi

조토 디 본도네
1303-1305 / 아프레그라피 / 스크로베니 성당 / 파도바 /

이 작품은 이야기적 흐름과 사실적인 움직임을 강하게 연출하며, 성탄 서사를 생생하게 펼쳐낸다. 동방박사들의 화려한 기마 행렬은 왕과 현자들이 한 아기 앞에 무릎 꿇는 역설적 반전을 보여주며, 세상의 지혜와 권력이 겸손 속에 굴복하는 구속사의 전환점을 시각화한다. 화면 위를 가로지르는 별은 단순한 장식이 아니라, 하늘에서 땅을 잇는 계시의 실제적 경로이자 하느님의 뜻을 인도하는 물리적 매개체로 기능한다. 이 모든 구성은 인간 역사 안에 침투한 하느님의 구원이 어떻게 시간, 권력, 질서의 중심을 뒤바꾸는지를 극적으로 증언한다.

"그들은 별을 보고 기뻐하였다… 그들은 아기와 그의 어머니를 보고 경배하였다." (마태 2,10-11)

"별은 우리의 밤하늘에 비치는 하느님의 메시지입니다. 동방박사들은 그 별을 따라 믿음의 여정을 걸었습니다." (2022년 주님 공현 대축일 강론) - 교황 프란치스코

2부. 구원의 벽화, 하늘의 성전으로 펼쳐지다 | 265

'베노초 고촐리'
〈멜키오르 왕과 동방박사의 행렬〉
Corteo dei Magi con Re Melchiorre

베노초 고촐리

1459-1460 / 아프레그라피 /

동방박사 성당, 메디치 리카르디 궁 / 피렌체 /

이 작품에서 동방박사들은 메디치 가문의 인물들을 모델로 삼아, 세속 권력과 신앙의 교차점을 상징한다. 화려한 의복과 금빛, 붉은색의 색채는 왕권과 예언자의 신비가 동시에 드러나는 이중 상징을 이룬다. 풍경은 장엄하며, 배경의 자연과 고전적 건축은 성스러움과 세속성, 영원성과 역사성을 결합한 무대를 형성한다. 성탄은 단순한 종교적 사건이 아닌, 인간 역사 속에 구원의 질서를 새기는 계시의 순간으로 그려진다.

구약의 성취자, "별에서 나오는 자"를 찾는 자들 (민수 24,17)

"우리는 별을 따라가는 순례자입니다. 하느님은 우리를 고요한 밤, 역사 속의 긴 여정으로 이끄십니다." (2022년 공현 대축일) - 교황 프란치스코

'베노초 고촐리'
〈발다사르 왕과 동방박사의 행렬〉
La Cavalcata dei Magi con Re Baldassare
베노초 고촐리
1459-1460 / 아프레그라피 /
동방박사 성당, 메디치 리카르디 궁 / 피렌체 /

젊고 우아한 왕 발다사르는 금발과 세련된 용모로 묘사되며, 이상화된 청춘과 동방의 지혜를 상징한다. 그의 모습은 단순한 권력자의 초상을 넘어, 구원의 신비 앞에 선 인간 존재의 순수성과 아름다움을 드러낸다. 주변에는 이국적인 동물들과 호위병, 풍성한 꽃과 숲이 조화를 이루며, 자연과 인간이 함께 창조주를 찬미하는 경배의 공간을 이룬다. 행렬의 움직임은 축제처럼 생동감 있고, 화면 전체는 신성한 기대감과 긴장으로 가득 차 있다.
"이방인들도 빛을 보고 달려오리라" (이사 60,3), 동방박사는 이 약속의 시각적 성취
"하느님은 자신을 찾는 모든 이에게 다가가십니다. 젊은이들은 그 별을 바라보며 새로운 길을 시작합니다."
(2020년 세계 청년의 날) - 교황 프란치스코

이 작품은 고전적 대칭과 정제된 구도를 통해 경배의 순간을 안정감 있게 구성한다. 화면 중앙에는 아기 예수와 성모가 자리하고, 그 앞에 무릎 꿇은 동방박사가 경외심을 담아 예물을 바친다. 배경에는 목동과 천사가 어우러져 있으며, 하늘의 영광과 땅의 찬미가 한 장면 안에서 교차된다. 색채는 부드럽고 조화롭게 배치되어 전체적인 평화를 자아내며, 인물들의 제스처는 감정에 치우치지 않고 신학적 깊이를 머금은 절제된 표현으로, 경배의 엄숙함과 신비로움을 동시에 전한다.

"그들은 경배하고, 보물을 열어 황금과 유향과 몰약을 드렸다." (마태 2,11)

"그들은 아기 앞에 자신을 낮추었습니다. 참된 경배는 자기중심성에서 벗어날 때 가능합니다." (2021년 공현 대축일) - 교황 프란치스코

'피에트로 페루지노': 〈동방박사의 경배〉
Adorazione dei Magi

피에트로 페루지노

1504 / 아프레그라피 / 산타 마리아 데이 비앙키 제단 / 치타 델라 피에베 /

'조토 디 본도네': 〈이집트로 피신〉

Fuga in Egitto

조토 디 본도네

1303-1305 / 아프레그라피 / 스크로베니 성당 / 파도바 /

조토 디 본도네의 〈이집트로 피신〉은 이동의 긴장감과 구속사의 여정을 간결하게 응축한 걸작이다. 나귀에 앉은 마리아와 발걸음을 내딛는 요셉, 그리고 길을 인도하는 천사는 하느님의 개입과 보호를 시각화한다. 절제된 색채와 단순한 산악 배경, 밝아오는 하늘은 위기 속 희망과 구원의 여명을 암시한다. "나는 내 아들을 이집트에서 불러냈다"(호세 11,1)는 말씀처럼, 이 장면은 출애굽과 예수의 피신을 연결하여 예수를 새로운 모세로 제시한다. "요셉은 일어나…"(마태 2,14)는 언어보다 순종으로 응답하는 신뢰의 전형이다. 함께 걷는 성가정은 곧 창세기 3,15의 예언을 성취해가는 여정으로, 인간의 연약함 속에 하느님의 섭리가 살아 있음을 드러낸다.

"성가정은 보호받아야 했습니다. 위험 앞에서도 하느님의 계획은 멈추지 않습니다. 하느님은 우리와 함께 이집트로도 가십니다."(공현 후 수요일 강론, 2020) - 교황 프란치스코

3-3. 성모와 아기 예수, 성사의 그림자
- 일상의 성화와 하느님의 현존

"말씀이 사람이 되시어 우리 가운데 사셨다." (요한 1,14)

    성모와 함께한 아기 예수, 소년 예수, 그리고 세례받는 예수는 하느님의 현존이 인간의 삶 안에 스며드는 과정을 따라 그려진 신비의 여정이다.

    베아토 안젤리코의 〈그림자의 마리아〉는 은은한 빛과 침묵 속에 하느님의 현존을 담아내며, 영성과 조형미의 결합을 보여준다. 페루지노의 〈위안의 마리아〉는 부드러운 시선과 균형 잡힌 구도를 통해 인간 안에 머무시는 하느님의 평화를 시각화한다. 핀투리키오의 〈성모자와 성 요한〉은 세밀한 장식성과 생동감을, 〈소년 예수와 학자들과의 논쟁〉은 성숙한 신적 지혜를 품은 아이의 내면을 담아내며 서정적 이야기성을 더한다.

    성인이 된 예수의 세례 장면에서는 레오나르도와 베로키오가 빛과 물의 투명함, 인물 간 감정 흐름으로 드라마를 만들고, 페루지노는 엄정한 구조미와 조화로운 색감으로 신적 순간을 고요히 드러낸다.

    이 화가들은 각기 다른 시선으로 "이는 내가 사랑하는 아들이다"라는 선언을 예술로 응답했다.

    그림을 보는 이들은 예수의 성장과 함께, 하느님의 현존이 어떻게 우리의 일상 속에 깃드는지를 느낄 수 있다.

'베아토 안젤리코' 〈그림자의 마리아〉
Madonna delle Ombre

베아토 안젤리코

1439-1440 / 아프레그라피 / 산 마르코 수도원 / 피렌체 /

베아토 안젤리코의 〈그림자의 마리아〉는 빛과 그림자의 미묘한 교차 속에서 성모의 신비와 내면성을 깊이 있게 드러낸다. 화면의 빛은 단순한 조명이 아니라 하느님의 현존을 암시하며, 그림자는 그 신비를 감싸는 장막처럼 작용한다. 마리아는 침묵 속에 서 있으며, 하느님의 말씀을 말없이 품은 존재로서 빛과 어둠의 경계에 위치한다. 그녀의 모습은 드러남과 감춤의 긴장 속에서 경외를 자아내고, "그림자의 성모"라는 표현은 성모 안에 감춰진 은총과 위대함, 드러나지 않은 하느님의 계시를 예술적으로 상징한다. 그림자는 부재가 아니라, 하느님의 신비를 감싸는 여백이며, 마리아의 존재는 그 자체로 빛을 품은 성전이다. 안젤리코는 명료함이 아닌 여백과 침묵을 통해 성육신의 신비, 곧 구속사의 시작을 고요히 선언한다.

2013년 12월 20일, 산타 마르타의 아침 미사에서 교황은 성모의 침묵에 대해 언급하시며, 그녀가 하느님의 신비를 지키기 위해 얼마나 자주 침묵하셨는지를 강조하였다. 교황은 "침묵은 우리와 주님과의 관계, 우리의 거룩함과 죄의 신비를 덮는 구름"이라며, 침묵이 하느님의 신비를 지키는 데 얼마나 중요한지를 설명하였다.

'피에트로 페루지노': 〈위안의 마리아〉
Madonna della Consolazione

피에트로 페루지노

1497 / 아프레그라피 / 움브리아 국립미술관 / 페루자

피에트로 페루지노의 〈위안의 마리아〉는 정제된 구도와 부드러운 선율 속에 고요하고 경건한 아름다움을 구현한다. 아기 예수를 무릎에 앉힌 성모 마리아는 온유한 시선으로 신자들을 바라보며, 하느님과 인간을 잇는 중재자로 묘사된다. 이 작품은 성 프란치스코 제자 형제단을 위해 제작되었으며, 주변에 무릎 꿇은 다양한 인물들은 보편적 위로와 중보의 의미를 상징한다. 마리아는 단지 그리스도의 어머니가 아니라, 교회의 어머니이자 위안의 근원으로 제시되며, "성모 마리아, 저희를 위하여 빌어주소서"라는 기도를 시각적으로 형상화한 자비와 은총의 성사적 장면으로 완성된다.

"그분이 어머니를 보시고 사랑하시는 제자가 곁에 있는 것을 보시고 말씀하셨다: '보라, 네 어머니시다.'" (요한 19,26-27)

핀투리키오의 〈성모자와 성 요한〉은 정돈된 구성과 부드러운 색채 안에서, 일상의 정적인 순간을 구속사의 서사로 승화시킨다. 성모 마리아는 아기 예수를 품에 안고 온유한 시선으로 응시하고 있으며, 예수와 세례자 요한 사이의 시선 교환은 단순한 유아기의 교감을 넘어, 미래의 사명을 예고하는 깊은 상징을 담고 있다. 이 조용한 만남은 세례자 요한의 등장을 미리 암시하며, 세례와 구속이라는 중심 사건을 예비하는 은밀한 서사로 기능한다. 화면은 따뜻한 가족적 분위기를 유지하면서도, 그 안에 하느님의 구원 계획이 조용히 심겨져 있음을 미묘하게 드러낸다.
"그 아이는 광야에서 자라며 이스라엘 앞에 나타날 때까지 기다렸다." (루카 1,80)

'핀투리키오': 〈성 모자와 성 요한〉
Pala di Santa Maria dei Fossi
핀투리키오
1495-1496 / 아프레그라피 / 움브리아 국립미술관 / 페루자

'핀투리키오' 〈소년 예수와 학자들과의 논쟁〉
Disputa di Gesucon i Dottori

핀투리키오

1500 / 아프레그라피 / 발리오니 성당, 산타 마리아 마지오레 성당 / 스펠로 /

핀투리키오의 〈소년 예수와 학자들과의 논쟁〉은 성전 내부의 정교한 건축 배경 속에서, 예수의 신적 지혜와 인간 세계의 긴장을 섬세하게 드러낸다. 어린 예수는 고요하고 단호한 시선으로 학자들 사이에 앉아 있으며, 그의 지적인 권위 앞에서 학자들은 당황과 놀라움이 서린 표정을 짓는다. 그 순간 등장한 성모 마리아는 자애와 걱정이 뒤섞인 얼굴로 아들을 찾으며, 모성의 신앙 여정 속에서 겪는 첫 시련을 겪는다. 이 장면은 예수의 공적 사명의 자각과, 이를 받아들이는 인간적 이해의 한계가 충돌하는 순간을 포착하며, 계시가 점진적으로 드러나는 '성사로서의 시간'을 미학적으로 구현한다.

"나는 내 아버지의 일에 속한 사람이어야 하지 않습니까?" (루카 2,49)

"소년 예수와 학자들과의 논쟁" 에 대해 성가정의 신앙 여정과 인간적 감정의 깊이를 강조하셨다. (2018년 12월 30일 삼종기도) - 교황 프란치스코

3-4. 공생활의 시작: 하늘나라의 빛, 기적 안에 머물다
- 세례, 말씀, 치유의 신비

"이는 내가 사랑하는 아들, 내 마음에 드는 아들이다." (마태 3,17)

"나는 내가 세례 받은 날을 기억하고 있는가?" 혹시 기억나지 않는다면 집에 돌아가 언제인지 확인하고 다시는 잊지 않도록 하십시오. 왜냐하면 그날은 새로운 생일, 세례를 통해 은총의 삶으로 태어난 날이기 때문입니다. 세례성사에 대해 주님께 감사드립시다. 또한 우리를 세례대로 이끌어 주신 부모님, 세례성사를 집전해 주신 분, 대부와 대모, 우리를 맞이해준 공동체에 대해서도 감사드립시다. 자신의 세례를 기념합시다. 그날은 새로운 생일입니다. 2024.1.7. 주님 세례 축일 삼종기도 훈화 - 교황 프란치스코, (번역 이창욱 출처)

레오나르도 다빈치와 스승 베로키오 〈그리스도의 세례〉
Il Battesimo di Cristo
레오나르도 다빈치와 스승 베로키오
1475-1478 / 아프레그라피 / 우비치 미술관 / 피렌체 /

베로키오와 젊은 레오나르도가 공동으로 완성한 〈그리스도의 세례〉는 인문주의적 해부학과 자연주의 묘사의 정점에 이른 작품이다. 성령은 빛줄기와 함께 비둘기의 형상으로 내려오며, 삼위일체의 신비가 시각적으로 드러난다. 예수와 세례 요한 사이의 시선과 자세는 하늘과 땅의 연결을 상징하며, 이 장면은 공생활의 시작이자, 하늘나라의 빛이 처음 세상에 스며든 공시적 계시의 순간이다. 레오나르도가 그렸다고 전해지는 천사는 섬세하고 내면적인 표정으로 경외의 감정을 표현하며, 신성과 인간성의 교차 지점을 암시한다. 이 작품은 세례성사의 기원을 시각화하며, 그리스도를 새 아담으로 제시하며 구원의 새 시작을 선포한다.
"예수께서 세례를 받으시고 물에서 올라오시자, 하늘이 열렸다." (마태 3,16)

284 | 자비와 겸손의 목자 **교황 프란치스코**

'피에트로 페루지노': 〈그리스도의 세례〉
Il Battesimo di Cristo

피에트로 페루지노

1482 / 아프레그라피 / 시스티나 성당 / 바티칸 /

피에트로 페루지노의 〈그리스도의 세례〉는 중앙집중적 구도와 균형 잡힌 구성 속에서 르네상스 특유의 질서와 명료함을 드러낸다. 후경에는 장대한 자연경관이 펼쳐져 하느님의 창조 질서 안에서 이루어지는 세례의 신비를 강조하며, 군중은 축소되어 예수와 세례자 요한의 만남에 집중이 모인다. 예수는 죄 없으심에도 세례를 받으심으로써 인류의 구속 여정에 깊이 동참하시며, 하느님의 뜻에 대한 순종을 몸으로 드러낸다. 천사들의 자세는 고요하고 정제되어 있으며, 천상의 질서와 전례적 의례성을 암시한다. 이 장면은 단순한 역사적 사건이 아닌, 세례성사의 기원을 상징하는 순간으로 구성되어, 교회 전례의 신학적 기초를 시각적으로 선포한다.

"이 일을 하여 우리가 하느님의 의로움을 이루는 것이 마땅하다." (마태 3,15)

"나는 내가 세례 받은 날을 기억하고 있는가?" 혹시 기억나지 않는다면 집에 돌아가 언제인지 확인하고 다시는 잊지 않도록 하십시오. 왜냐하면 그날은 새로운 생일, 세례를 통해 은총의 삶으로 태어난 날이기 때문입니다. 세례성사에 대해 주님께 감사드립시다. 또한 우리를 세례대로 이끌어 주신 부모님, 세례성사를 집전해 주신 분, 대부와 대모, 우리를 맞이해준 공동체에 대해서도 감사드립시다. 자신의 세례를 기념합시다. 그날은 새로운 생일입니다." (2024.1.7. 주님 세례 축일 삼종기도 훈화) - 교황 프란치스코,
(번역 이창욱 발췌)

3-5. 공생활의 시작: 새 계약의 현장, 기적 안에 머물다

　　예수님의 공생활은 단순한 기적과 가르침의 연속이 아니라, 하느님 나라의 새 계약이 사람들 사이에 펼쳐지는 순간이었다. 코시모 로셀리의 〈산상수훈과 나병 치료〉는 높은 언덕에서 선포된 '행복 선언'과 고통받는 자에 대한 치유를 동시에 담아, 말씀과 자비가 나란히 걷는 복음의 길을 보여준다. 엘 그레코는 〈눈먼 자를 치유하는 그리스도〉에서 강렬한 색채와 왜곡된 형태로 영적인 눈뜸의 순간을 드라마틱하게 포착한다.

　　마사초의 〈성전세〉는 세금을 바치는 장면을 통해, 신앙과 세속의 경계에서 진리와 의무가 어떻게 조화를 이루는지를 표현한다. 페루지노의 〈베드로에게 천국 열쇠를 주심〉은 고요한 구도 속에 예수께서 교회에 권한을 부여하는 장면을 담아, 하늘과 땅을 잇는 열쇠의 상징을 시각화한다. 이 네 작품은 기적과 제자훈련, 공적 선언이 어우러진 예수의 공생활을 통해, 하느님 나라가 인간의 일상 안에 스며드는 장면들을 흥미롭고 감동적으로 전한다.

"행복하여라, 마음이 가난한 사람들! 하늘나라가 그들의 것이다." (마태 5,3)
"나는 율법이나 예언서를 폐지하러 온 것이 아니다. 오히려 완성하러 왔다." (마태 5,17)
"주님, 원하시면 저를 깨끗하게 하실 수 있습니다." (마태 8,2) 그분은 손을 내미시며 "원한다. 깨끗하게 되어라." 하고 말씀하셨다 (마태 8,3)

"예수님의 산상수훈은 기독교 윤리의 핵심이며, 자비는 그 심장입니다. 가난한 이를 바라보고, 배고픈 이를 먹이며, 병든 이를 만지시는 그분의 삶이 바로 복음입니다." 〈복음의 기쁨〉 - 프란치스코 교황

'산상수훈과 나병 치료'
Il Discorso Alla Montagna e La Guarigione del Lebbroso
코시모 로셀리
1481-1482 / 프레스코 / 시스티나 성당 / 바티칸 /

코시모 로셀리의 〈산상수훈과 나병 치료〉는 좌측의 설교와 우측의 치유 장면을 하나의 구도 안에 배치하여, 말씀과 행위의 일치를 시각적으로 구현한다. 산의 경사는 예수의 권위와 말씀의 위계를 강조하고, 경청하는 제자들과 절박한 나병 환자의 몸짓은 인물의 표정과 동세를 통해 강하게 대비된다. 예수의 손짓은 선포와 치유가 분리되지 않음을 상징하며, 말씀이 곧 실현되는 하느님의 자비를 드러낸다. 교황 프란치스코는 산상수훈을 "하늘나라의 선언문"이라 부르며, 특히 "행복하여라, 자비로운 사람들!"(마태 5,7)을 교회의 중심표어로 강조한다. 이 장면은 그 자비의 윤리가 구체적 몸짓으로 실현되는 성서적 증언이다.
"하느님 나라의 참된 권위는 율법의 엄격함이 아니라, 자비와 친밀함에서 흘러나옵니다." - 교황 프란치스코

288 | 자비와 겸손의 목자 **교황 프란치스코**

엘 그레코의 〈눈먼 자를 치유하는 그리스도〉는 기적의 순간을 단지 시각적 사실이 아닌 영적 체험으로 승화시킨 작품이다. 길게 왜곡된 인체는 동로마 성미술의 전통을 반영하며, 인간 내면의 고통과 초월에의 갈망을 상징하는 미학적 긴장으로 작용한다. 어둠 속에서 솟아오르는 빛의 콘트라스트는 단순한 육체적 시력 회복을 넘어, 믿음의 눈이 열리는 계시의 순간을 드러낸다. 모든 인물의 시선과 손짓이 그리스도의 손길에 집중되며, 기적이 일어나는 '카이로스'—하느님의 은총이 현실에 개입하는 순간—을 중심에 놓는다. 주변 인물들의 반응은 믿음, 경이, 의심 등 인간의 신앙 여정을 다양하게 표현하며, 보는 이로 하여금 그 안에 자신을 비추게 한다. 이 작품은 어둠에서 빛으로, 눈에서 마음으로 이끄는 하느님의 손길을 그려낸 시각적 복음서다.

"그분께서 땅에 침을 뱉어 진흙을 이겨 눈에 바르시고 '실로암 못에 가서 씻어라' 하셨다." (요한 9,6-7)

"보아라, 네 믿음이 너를 구하였다." (루카 18,42) "나는 세상의 빛이다. 나를 따르는 이는 어둠 속을 걷지 않고 생명의 빛을 얻을 것이다." (요한 8,12)

"예수님께서는 육체적 눈보다 더 중요한, 마음의 눈을 열어주십니다. 그분은 우리가 이 세상과 이웃을 하느님의 눈으로 바라보도록 도와주십니다." (2019년 사순절 담화)
- 교황 프란치스코

'눈먼 자를 치유하는 그리스도'
La Guérison de l'aveugle
엘 그레코 1570-1577 / 유화 / 스페인 /
(뉴욕 메트로폴리탄박물관)

성전세 (헌금)
Il Tributo

마사초
1425-1428 / 아프레그라피 / 브란카치 성당,
산타 마리아 델 카르미네 성당 / 피렌체

마사초의 〈성전세〉는 한 화면에 세 장면을 담은 연속 서사 구성으로, 시간의 흐름을 성화적으로 시각화한 초기 르네상스 걸작이다. 중앙에서는 예수께서 세금 징수인과 대면하고, 왼쪽에선 베드로가 물고기 입에서 동전을 꺼내며, 오른쪽에선 세금을 납부한다. 이 연속적 이야기 구성은 하느님의 아들이 사람의 의무를 다하는 장면을 통해, "카이사르의 것은 카이사르에게"라는 말씀의 의미를 실천으로 드러낸다. 브루넬레스키의 영향을 받은 정확한 원근법과 자연광은 이야기의 중심을 예수께 집중시키며, 하늘나라의 질서를 암시한다. 사도들의 표정과 몸짓은 인간의 당혹감, 질문, 순종 사이의 내적 긴장을 드러내고, 이는 말씀과 현실 사이에서의 믿음의 실천을 시각적으로 표현한 탁월한 신학적 미학의 사례다.

"베드로야, 바다에 가서 낚시질을 하여 맨 먼저 올라오는 물고기를 열어보아라. 그 입에서 돈을 찾아 나와 너를 위하여 그것을 주어라." (마태 17,27)

"그리스도인은 세상의 법을 따르되, 그것이 사랑의 법 아래에 있을 때에만 온전히 충실할 수 있습니다." (2015년 강론) - 교황 프란치스코

292 | 자비와 겸손의 목자 **교황 프란치스코**

'베드로에게 천국 열쇠를 주심'
Comunione degli Apostoli

피에트로 페루지노
1480-1482 / 아프레그라피 / 시스티나 성당 / 바티칸 /

피에트로 페루지노의 〈베드로에게 천국 열쇠를 주심〉은 중앙의 예수와 베드로를 축으로 좌우 대칭 구도를 이루며, 교회 질서의 원천과 전달을 시각화한다. 원근법에 따라 배치된 후경의 원형 성전은 브루넬레스키식 이상 공간으로, 요한 묵시록의 '새 예루살렘'을 상징한다. 따뜻한 자연광은 다양한 인물 군상을 밝혀 은총 안에서의 일치를 암시하며, 예수의 오른손은 권한을 위임하고, 왼손은 축복을 전함으로써 위임과 평화를 조율한다. 사도들의 표정과 몸짓은 경외와 토론 속에서 공동체의 시작을 반영한다.

"우리는 잠긴 문을 지키는 파수꾼이 아니라, 회개의 문을 여는 열쇠를 쥔 자들입니다." 〈복음의 기쁨〉, 46항

"교회는 하늘나라의 열쇠를 소유한 것이 아니라, 그것을 모든 사람에게 나눠주는 사명입니다." 〈모든 형제들〉, 277항 - 교황 프란치스코

3-6. 사랑의 절정, 고통 안에 깃든 구원
새 계약의 만찬, 수난과 부활의 약속

'사랑의 절정, 고통 안에 깃든 구원'은 성삼일 전례의 정점이자, 예술이 복음을 전하는 순간이다.

〈최후의 만찬〉에서 베아토 안젤리코는 고요한 경배의 분위기 속에 성체의 신비를, 레오나르도는 격정적인 감정의 파노라마로 배반과 봉헌의 긴장을 그려냈다. 기를란다요는 따뜻한 일상 안에 성사를 녹여내며, 동로마 성미술은 상징과 정적인 구도로 초월적 만찬을 표현한다.

조토의 〈주님의 거룩한 변모〉는 십자가를 앞둔 예수의 광휘를 예고하며, 〈십자가에 못 박힘〉은 고통 속에 드러난 사랑의 극치를 담아낸다. 미켈란젤로의 〈피에타〉는 성모의 팔에 안긴 죽은 아들을 통해 죽음을 껴안는 자비를 보여준다.

이 작품들은 단순한 고통의 묘사가 아니라, 사랑이 끝까지 흘러간 흔적, 구원이 미학으로 선포되는 순간이다.

십자가는 실패가 아닌, 영원한 사랑의 문이다.

예술은 이 진리를 눈으로, 마음으로 증언한다.

⟨최후의 만찬⟩
Comunione degli Apostoli

베아토 안젤리코

1440 / 아프레그라피 / 산 마르코 수도원 / 피렌체 /

베아토 안젤리코의 ⟨최후의 만찬⟩은 초기 르네상스의 경건성과 상징성을 바탕으로 한 엄숙한 벽화로, 피렌체 성 마르코 수도원의 식당에 그려졌다. 그리스도는 정중앙에 정적으로 앉아 있으며, 제자들 역시 절제된 몸짓과 표정으로 경건한 질서를 유지한다. 유다는 검은 옷을 입고 테이블 안쪽에 배치되어 배반자의 위치를 상징적으로 드러낸다. 후광, 빵과 포도주 등은 성체성사의 중심 신비를 시각적으로 강조하며, 단순하고 평면적인 조도는 고요한 분위기 속에서 신성한 순간을 부각시킨다. 이 작품은 외적 극적 표현보다 내면의 침묵과 성찰을 강조하며, 식탁 공동체를 통해 구원의 신비를 전례적으로 체험하게 한다. "이는 너희를 위하여 내어 주는 내 몸이다... 너희는 나를 기억하여 이를 행하여라." "이 잔은 내 피로 맺는 새 계약이다."
루카 22,19-20
"예수님께서 빵을 떼어 제자들에게 주셨듯이, 우리도 다른 사람들을 위해 쪼개진 빵이 되어야 한다" (성찬례) - 교황 프란치스코

〈최후의 만찬〉
Cenacolo

레오나르도 다빈치

1459-1497 / 아프레그라피 / 산타 마리아 델레 그라치에 성당의 식당 / 밀라노 /

레오나르도 다 빈치의 〈최후의 만찬〉은 하이 르네상스의 걸작으로, 밀라노의 산타 마리아 델레 그라치에 수도원 식당 벽에 그려진 대형 벽화입니다. 이 작품은 예수께서 제자들에게 "너희 중 하나가 나를 배반할 것이다"라고 말씀하신 직후의 극적인 순간을 포착하고 있습니다. 예수는 중앙에 고요하게 앉아 있으며, 제자들은 세 명씩 네 무리로 나뉘어 각기 다른 감정과 반응을 드러냅니다. 다 빈치는 선 원근법과 자연광을 활용하여 깊이감 있는 공간을 창조하고, 예수의 머리 뒤 창문을 통해 신성한 빛을 강조합니다. 유다는 테이블 밖에 배치되어 배신자의 위치를 상징하며, 전체 구도는 구약의 계약을 완성하고 새 계약을 제정하는 성찬의 신비를 시각화합니다.

"모세는 '이는 주님과 너희가 맺는 계약의 피다' 하고 말하며 피를 뿌렸다." 출애굽기 24,8

"성찬례는 단순한 기념이 아니라, 그리스도의 희생이 현재에 실현되는 사건입니다. 우리는 그분의 사랑과 자비를 체험하며, 이로써 우리의 삶도 변화되어야 합니다." (성찬례)

- 교황 프란치스코

2부. 구원의 벽화, 하늘의 성전으로 펼쳐지다 | 297

298 | 자비와 겸손의 목자 **교황 프란치스코**

〈최후의 만찬〉
Ultima Cena

도미니코 기를란다요
1482 / 아프레그라피 / 산마르코 수도원 / 피렌체 /

도미니코 기를란다요의 〈최후의 만찬〉은 후기 르네상스의 내러티브 양식을 반영한 수도원 식당 벽화로, 상징성과 일상성이 절묘하게 조화를 이룬다. 그리스도는 축복과 배반의 고지를 동시에 담은 중심인물로 배치되며, 제자들은 각기 다른 표정과 몸짓으로 서사적 개별성이 강조된다. 유다는 어두운 표정과 테이블의 반대편 배치, 고개를 돌린 모습으로 배신자의 상징으로 부각된다. 작품은 깊이감 있는 실내 공간과 현실감 있는 식탁, 정교한 식기와 음식의 묘사를 통해 성찬의 장면을 일상의 식사와 연결하며, 만찬을 단순한 성사로 국한하지 않고 사랑과 봉사의 실천으로 확장된 의미로 시각화한다.

발 씻김과 배반 예고 "너희도 서로 발을 씻어 주어야 한다." 요한 13장

"예수님께서 빵을 떼어 제자들에게 주셨듯이, 우리도 다른 사람들을 위해 쪼개진 빵이 되어야 한다" (성찬례)
- 교황 프란치스코

3-7. 수난과 부활의 약속
- 빛 속에서 예고된 십자가, 어머니의 품에서 드러난 사랑의 극치

주님 거룩한 변모

교회는 8월6일에 주님 거룩한 변모 축일을 지낸다. 열두 제자 가운데 베드로와 야고보, 요한만을 데리고 타볼산에 올라간 예수가 제자들이 보는 앞에서 영광스러운 모습으로 변모하고 엘리야와 모세와 이야기를 나눈 사건(마태 17,1-9 ; 마르 9,2-10 ; 루카 9,28-36)을 기념하는 것이다. 예수는 이 사건을 통해 제자들에게 구세주로서 자신의 신원을 명확하게 보여줌으로써 당신께 대한 제자들의 믿음과 확신을 더욱 확고하게 했다.

프란치스코 교황은 "변모하신 예수님의 모습은 두려운 사람들에게 어두운 그림자를 통과할 빛을 제공한다"며 "예수님을 닮아 우리 삶의 모든 부분을 밝혀야 한다"고 당부했다. "예수님의 얼굴은 빛나고 옷은 반짝이는 부활한 자로서의 이미지를 미리 보여주십니다. 끝없는 시련에 직면할 때 우리는 또 다른 관점이 필요합니다. 우리 마음의 틀과 세상의 기준을 뛰어넘는 데 도움이 되는 빛이 필요합니다."

'주님 거룩한 변모'
Crocifissione
조토 디 본도네
1303-1305 / 아프레그라피 /
스크로베니 성당 / 파도바

조토 디 본도네의 〈주님 거룩한 변모〉는 어두운 산과 대비되는 밝은 후광 속 예수의 형상을 통해 신성을 강조하며, 이는 부활의 전조로 작용한다. 중심의 예수는 빛의 원천으로, 하늘과 땅 사이의 중재자로 서 있다. 좌우에 선 엘리야와 모세는 율법과 예언서를 상징하며, 하느님의 구원 계획의 연속성을 시각화한다. 앞에 넘어진 베드로, 야고보, 요한은 신현 앞에서 인간의 한계를 드러내며, 이들의 경악한 표정과 역동적인 손발의 움직임은 조토 특유의 사실성과 감정 표현을 통해 신적 사건에 대한 인간의 공감과 몰입을 유도한다. 고전적 장엄함보다는 현실 속 경건한 놀라움을 강조한 이 장면은, 신비를 향한 인간 내면의 반응을 탁월하게 포착한 초기 르네상스 회화의 중요한 성과이다.
"그분의 얼굴은 해처럼 빛나고 옷은 빛과 같이 희어졌다." 마태 17,1-8
"변모의 신비는 고통 중에도 빛나는 희망을 바라보게 합니다. 십자가가 끝이 아님을 알려줍니다."
(삼종기도, 2020년 8월 6일) - 교황 프란치스코

'십자가에 못 박히심'
Crocifissione

조토 디 본도네
1303-1305 / 프레스코 / 스크로베니 성당 / 파도바/

조토 디 본도네의 〈십자가에 못 박힘〉은 수직 구도를 통해 하늘과 땅을 잇는 십자가를 중심에 두고, 그리스도를 중개자이자 희생 제물로 제시한다. 그리스도의 몸은 고요하게 늘어져 있지만, 얼굴에는 고통을 넘어선 평온이 스며 있다. 왼쪽에서는 요한과 성모 마리아가 절절한 비탄 속에 무너져 있으며, 오른쪽에는 로마 병사들과 군중들이 다양한 반응—믿음, 혼란, 무관심—을 드러내며 인간 존재의 양면성을 보여준다. 어두운 색조와 함께 대비되는 붉은 피의 표현은 죽음의 심각성과 동시에 감춰진 희망의 징표로 작용한다. 이 장면은 극적이기보다 절제된 정서 속에 신성과 인간의 고통, 그리고 구속의 신비를 담아내며, 초기 르네상스의 미학이 깊은 신학적 성찰과 만나는 지점을 보여준다.
"아버지, 저들을 용서해 주십시오. 저들은 자기들이 무슨 일을 하는지 모릅니다."
루카 23,33-46
"십자가는 실패의 상징이 아니라, 하느님의 사랑이 어디까지 갈 수 있는지를 보여주는 표징입니다." (성 금요일 묵상, 2014) - 교황 프란치스코

'피에타'
Pieta
미켈란젤로 부오나로티
1498-1499 / 조각 / 성 베드로 대성당 성전 / 바티칸

미켈란젤로 부오나로티의 〈피에타〉는 조형적 완성과 신학적 깊이가 결합된 르네상스 조각의 걸작이다. 성모 마리아는 젊고 고요한 얼굴로, 시간의 흐름을 초월한 영원한 사랑을 상징하며, 죽은 예수의 몸은 부드럽고 이상적으로 조각되어 죽음 속에서도 부활의 가능성을 암시한다. 전체는 삼각 구도로 구성되어 안정성과 조화를 이루며, 신적 평화와 인간적 슬픔을 동시에 전달한다. 마리아의 표정과 자세는 격정 대신 절제된 정서로 고통의 숭고함을 드러내며, 이는 무언의 통곡으로 응축된 신앙의 고백이다. 과장 없이 오히려 침묵을 통해 고통을 품어낸 이 작품은 인간 고통의 존엄과 구속의 신비를 시각적으로 구현한 성사적 조각이다.
"예수님의 십자가 곁에는 그분의 어머니가 서 계셨다." 요한 19,25
"슬픔은 끝이 아닙니다. 마리아의 품에서 드러나는 그리스도의 몸은 새로운 생명의 씨앗입니다." (성모 승천 대축일 강론, 2018)
- 교황 프란치스코

제4장.
부활의 아침, 교회로 피어난 빛
: 죽음을 이긴 사랑과 공동체의 탄생
- 그리스도의 부활에서 시작된
성사적 교회 여정과 성인들의 증언

4-1. 새벽의 빛, 죽음을 꺾은 생명의 말씀

부활하신 예수님께서 마리아 막달레나에게 나타나신 직후의 대화로, 예수님께서 마리아에게 자신을 붙잡지 말라고 하시며, 제자들에게 자신의 부활과 승천을 전하라고 명하시는 중요한 장면입니다.

이 구절은 부활 사건의 신학적 깊이—곧 예수님의 승천, 하느님과의 일치, 그리고 제자들과의 새로운 관계—를 드러내며, 성사적 신비의 중심 주제 중 하나입니다.

예수님께서 마리아에게 말씀하셨다. "내가 아직 아버지께 올라가지 않았으니 나를 더 이상 붙들지 마라. 내 형제들에게 가서, '나는 내 아버지이시며 너희의 아버지이신 분, 내 하느님이시며 너희의 하느님이신 분께 올라간다.' 하고 전하여라." 요한 20:17

〈나를 붙잡지 마라〉
Noli me Tangere
베아토 안젤리코
1430년 후반 / 프레스코 /
산 마르코 수도원 / 피렌체

베아토 안젤리코의 〈나를 붙잡지 마라〉는 부활하신 그리스도와 마리아 막달레나의 만남을 섬세하고 영적으로 담아낸 작품이다. 회색빛 동굴의 틈새에서 나타난 그리스도는 더 이상 죽음 이전의 육신이 아닌, 영광스러운 부활의 몸으로 서 있다. 마리아는 무릎을 꿇고 다가가지만, 그리스도는 절제된 손짓으로 "나를 붙잡지 마라"고 말하며, 성육신의 신비와 승천의 예표를 동시에 드러낸다. 억제된 감정과 정제된 구도 속에서, 이 장면은 하늘과 땅 사이의 경계에서 펼쳐지는 신적 만남의 순간을 고요히 응시하게 한다.
"부활하신 주님은 절망 속에서도 희망의 빛을 피워 주신다. 그분은 당신을 찾는 이들을 결코 버리지 않으신다." - 교황 프란치스코

'그리스도의 부활'
La Resurrezione di Cristo

피에로 델라 프란체스카
1459 / 프레스코 / 산세폴크로 시립미술관 / 아레초 /

피에로 델라 프란체스카의 〈그리스도의 부활〉은 부활의 신비를 장엄하고 상징적으로 표현한 작품입니다. 중앙에 위치한 그리스도는 무덤에서 일어나 묵직한 시선으로 세상을 응시하며, 이는 죽음을 이기고 새로운 생명을 선포하는 순간을 상징합니다. 그리스도의 몸은 부활의 영광을 담고 있으며, 손에 든 십자가 깃발은 승리의 표지로서, 죽음을 넘어선 생명의 힘을 나타냅니다. 화면 하단의 잠든 군사들은 아직 부활의 신비를 깨닫지 못한 인류를 상징하며, 그리스도의 부활이 모든 이에게 열려 있음을 암시합니다. 작품의 엄격한 대칭성과 중앙축의 강조는 우주적 질서의 회복과 부활의 보편성을 시각적으로 드러냅니다. "죽은 이들 가운데에서 되살아나신 분의 첫 열매" 1코린 15,20
"부활의 빛은 우리의 길을 비추고 우리 마음을 밝혀줍니다. 이 빛은 역사의 어둠을 뚫고 우리 삶 속에 스며들어, 새로운 시작을 가능하게 합니다." - 교황 프란치스코 바티칸 교황청의 아라찌방에는 '그리스도의 부활'을 주제로 한 유명한 타피스트리가 전시되어 있다. 이 타피스트리는 16세기 초기에 제작되었으며, 피에르 판 알스트라는 플랑드르 출신의 유명한 타피스트리 장인이 지도한 브뤼셀의 작업장에서 제작되었다. 이 타피스트리는 라파엘로의 제자들에 의해 디자인된 원화를 바탕으로 제작되었다. 이 작품은 라파엘로의 제자인 줄리오 로마노와 같은 이탈리아 화가들의 디자인을 바탕으로 제작되었으며, 당시 교황 레오 10세의 명령으로 제작되었다. '그리스도의 부활' 타피스트리는 이러한 시리즈 중 하나로, 라파엘로의 제자들이 디자인한 원화를 바탕으로 제작되었다. 이 타피스트리는 바티칸 박물관의 아라찌방에 전시되어 있으며, 고전적인 르네상스 스타일의 예술 작품으로서 그 가치를 인정받고 있다.

"예수님의 부활은 단순한 해피엔딩이 아니라, 우리의 삶을 완전히 변화시키는 사건입니다. 그분과 함께라면, 매일이 영원한 여정의 한 걸음이 되고, 오늘은 내일을 희망할 수 있으며, 모든 끝은 새로운 시작이 됩니다."
- 교황 프란치스코

'그리스도의 부활'
La Resurrezione di Cristo
줄리오 로마노 외
16세기 초 / 타피스트리 / 바티칸 교황청 / 바티칸

2부. 구원의 벽화, 하늘의 성전으로 펼쳐지다 | 311

4-2. 반석 위에 세운 교회, 순교 위에 피어난 공동체
- 성령의 불꽃으로 태어난 교회

〈성 베드로의 두 가지 기적〉
Guarigione dello Storpio e Resurrenzione della Tabita

마솔리노

1425-1428 / 프레스코 / 브란카치 성당, 카르미네 성당 / 피렌체

마솔리노의 〈성 베드로의 두 가지 기적〉은 병자를 고치는 장면과 시몬 마법사의 심판을 대조적으로 배치하여 초대교회의 정당성과 성령의 권능을 시각적으로 선포한다. 초기 르네상스의 투시 원근법 안에서 교회의 선포는 질서와 공간의 조화로 구현되며, 성전 앞 '아름다운 문'에서 베드로가 불구자를 일으키는 장면은 하느님의 능력으로 인간의 존엄이 회복되는 순간을 드러낸다. 베드로는 예수님의 시선으로 보고, 그분의 이름으로 기도하며, 고통받는 이들에게 부활의 능력을 실천한다. 이는 단순한 치유가 아니라, 가난한 자와 소외된 이들이 다시 사회의 일원으로 살아가도록 회복시키는 은총의 행위다. 두 장면의 대조는 인간 권세의 거짓과 하느님의 은총의 진리를 구분 짓고, 교회가 세상의 중심이 아닌 하느님의 권능으로 사명을 감당해야 함을 시각화한다. "그분에게서 힘이 나와 모든 사람을 고쳐 주었기 때문이다." (루카 6,19)

"나자렛 사람 예수 그리스도의 이름으로 말한다. 일어나 걸어라!" (사도 3,6)

필리피노 리피의 〈성 베드로의 십자가형〉은 거꾸로 매달린 십자가를 통해 성 베드로의 겸손과 순교의 신학적 깊이를 시각화한다. 그는 예수와 같은 방식으로 죽임을 당하기에 합당하지 않다고 여겨 십자가를 거꾸로 지기를 요청하였으며, 그 모습은 극적인 조명과 주변 인물들의 혼란 속에서 고요히 대비된다. 불안정한 구도와 동적인 인물 배치는 순교의 내면적 격렬함과 영적 결단을 강조하며, 침묵 속에서 울려 퍼지는 신앙의 증언을 형상화한다. 이 장면은 단순한 역사적 사건이 아니라, 교회가 순교자들의 피 위에 세워졌다는 교부적 전승을 따라, 자유와 신앙, 희생의 본질을 되새기게 한다. 베드로의 죽음은 고통 속에서도 오히려 하느님의 영광에 이르는 길이며, 그의 십자가는 부활의 희망을 향한 겸손한 복종의 상징으로 선포된다.

"너는 팔을 벌릴 것이고, 다른 사람이 네게 띠를 띠워 너를 원하지 않는 곳으로 데려갈 것이다." (요한 21, 18-19)

〈성 베드로의 십자가형〉
Crocifissione di San Pietro

필리피노 리피

1484-1485 / 프레스코 / 브란카치 성당, 카르미네 성당 / 피렌체 /

프란치스코 포데스티의 〈원죄 없으신 성모〉는 1854년 교황 비오 9세가 '무염시태' 교리를 공식 선포한 것을 기념하여 제작된 작품으로, 교회의 신학과 예술이 결합된 대표적인 성화입니다. 이 그림은 바티칸의 '무염시태의 방' 제대에 걸려 있으며, 성모 마리아의 원죄 없는 잉태를 중심으로 교리 선포와 관련된 역사적 장면들을 함께 담아내고 있습니다.

작품의 중심에는 하늘에 떠 있는 성모 마리아가 묘사되어 있으며, 그녀는 하느님의 은총으로 가득 찬 새 이브로서의 위엄과 순결을 상징합니다. 마리아를 둘러싼 인물들은 교리 선포와 관련된 역사적 사건들을 재현하며, 하늘과 땅을 잇는 구도를 통해 하느님의 섭리에 응답한 여인의 존엄을 강조합니다. 이러한 상징의 중층성과 신학적 통합은 성모 마리아를 통해 인류 구원의 여명이자 완성을 시각적으로 표현하고 있습니다.

"은총이 가득한 이여, 기뻐하여라." 루카 1,28

"하느님의 자비를 품은 분" - 교황 프란치스코

〈원죄없으신 성모 (무염시태)〉
The Immaculate Conception

프란체스코 포데스티

1843-1854 / 유화 / 교황청 아라찌방 무염시태의 방 / 바티칸

피에로 델라 프란체스카의 〈세 개의 십자가 중 그리스도의 십자가를 찾다〉는 신앙의 기억과 구원의 상징을 찾는 여정을 역사화한 작품이다. 이 장면은 성 헬레나 황후가 예루살렘에서 참된 십자가를 발견하는 전승을 바탕으로 하며, 인간이 하느님의 구속의 도구를 되찾는 신학적 의미를 담고 있다. 세 개의 십자가 중 어느 것이 진짜인지 모를 때, 병자가 그리스도의 십자가에 닿아 치유되는 기적은 신앙의 진실과 은총의 현존을 드러낸다. 피에로는 고요한 화면 구성과 대칭적 구도, 절제된 색채를 통해 신비를 침묵 속에 드러내며, 십자가가 단순한 고통의 기호가 아닌 구원의 표징임을 강조한다. 이 작품은 역사와 신앙, 시간과 영원을 연결하는 시각적 고백이자, 신자에게 십자가를 따르는 여정의 의미를 되새기게 하는 묵상의 공간이 된다.

⟨성녀 피나의 장례식⟩
Esequie di Santa Fina

도미니코 기를란다요

1470 / 프레스코 / 산 지미냐노 성당 / 산 지미냐노/

도미니코 기를란다요의 ⟨성녀 피나의 장례식⟩은 고통과 연민 속에서 드러나는 교회의 성사적 본질을 섬세하게 시각화한 작품이다. 병약하고 가난한 이들을 섬긴 성녀의 삶과 죽음은 단순한 이별이 아니라 신적 자비의 현현으로 표현된다. 수의에 싸인 성녀 곁에서 손이 마비된 유모 벨디아는 그녀의 전구를 청하며 치유받고, 성녀의 발에 입을 맞추는 소녀는 시력을 회복한 감사의 행위를 통해 신앙적 감동을 더한다. 기적은 감정적 절정을 넘지 않고 절제된 구도 속에 배치되며, 르네상스 건축의 정돈된 배경과 함께 고요한 신비의 분위기를 자아낸다. 인물들의 표정과 제스처는 고통, 희망, 감사가 뒤섞인 인간 경험의 깊이를 전달하며, 이 장면은 단순한 장례가 아닌 치유와 위로의 성사, 그리고 거룩함이 공동체 안에서 어떻게 살아나는지를 보여주는 시각적 증언이다.

⟨성모 마리아와 고통 받는 사람들⟩
Virgin and Child with Saints

프란치스코 스코로모니

1540년 중반 / 프레스코 / 산타 마리아 마조레 대성당 / 로마

프란치스코 스코로모니의 ⟨성모 마리아와 고통받는 사람들⟩은 성모를 '슬픔의 여왕', 곧 자비의 어머니로 묘사하며, 인간 고통의 한가운데에 서 계신 하늘 어머니의 모습을 강렬하게 드러낸다. 성모는 슬픔에 잠긴 얼굴로 중심에 서 있으며, 그녀를 둘러싼 고통받는 이들은 병, 가난, 외로움 등 삶의 다양한 상처를 안고 있다. 성모의 시선과 손짓은 특정 대상에 국한되지 않고 사방으로 펼쳐져 있으며, 이는 그녀의 자비가 보편적이며 경계 없는 은총임을 상징한다. 고통 앞에서 침묵하는 듯한 성모의 표정은 울부짖음 없이 깊은 연민을 표현하고, 그녀를 바라보는 이들의 시선은 믿음 속 위로를 갈망한다. 이 작품은 성모 마리아가 단지 신비의 상징을 넘어, 상처 입은 인류의 곁에 선 '자비의 성사'로 현존하고 있음을 보여주는 시각적 기도이다.

보아라, 네 어머니다." 요한 19,27

"성모님은 고통받는 이들의 어머니이며, 교회의 자비로운 얼굴이십니다." (교황칙서, 24) - 교황 프란치스코

작가 소개

김 경 상 *Kim Kyung-Sang*
한류문화인진흥재단 홍보대사

김경상 작가는 40년간 인류학적 정신사를 추적하며 다큐멘터리 작업을 해왔다. 그의 작업은 가난하고 고통 받는 소외된 사람들에 대한 관심과 사랑, 인류애를 실천한 거룩한 성인들의 정신과 사랑, 그리고 한국의 사라져가는 민속을 찾아 한국인의 정신적 근거와 뿌리를 찾는 작업으로 구분할 수 있다.

2014년 8월, 교황 프란치스코 방한 공식미디어 작가로 촬영을 하였고, 9월 바티칸에서 교황 공식 알현을 하고, 바티칸 및 교황 조상들의 고향 아스티와 아르헨티나 부에노스아이레스 교황의 요람 작업을 했다.

교황 프란치스코 해외전시로는 2015년 5월에 이탈리아 피아몬테 아스티 미술관에서 포르타 코마로 시장 초대 전시를, 7월에 아르헨티나 부에노스아이레스 중남미문화원에서, 2016년 5월 이탈리아 아스티 피아캐슬뮤지엄에서, 6월 '제56회 국립 종의 축제' 팔라비치니 궁전에서 교황 프란치스코 초대 사진전을 하였다.

특히 마더 데레사 사진집과 성인 콜베 사진집, 폴란드 원죄없는 성모마을 밀밭에서 기도하는 수도자의 모습을 담은 사진 1점, 김수환 추기경의 선종 당일 정진석 추기경과 김옥균 주교의 기도 장면을 담은 사진 1점은 청와대 의전 선물로 선정돼 2009년 7월 전 교황 베네딕토 16세에게 전달된 바 있다.

개인전 83회, 저서 27권

작가 소개

이기우
크리에이터 / 문화기획가

저자는 시인이며 문화예술관광진흥연구소의 대표이자 해돋이역사권역의 해돋이관광협의회 이사장으로서, '반구천의 암각화'의 문화원형적 가치를 널리 알리기 위해 끊임없이 노력하는 열정을 지녔다. 한국ESG학회 이사, 반구대포럼 이사, 반구대시민모임 공동대표, 유콘크리에이티브 기업연구소 소장으로서, 지식기반 콘텐츠를 개발하고 지역사회의 지속가능한 발전에 기여하고 있다. 문화체육관광부장관상 표창이 이를 뒷받침하고 있다.

고려대학교 문화콘텐츠학과에서 박사과정을 마친 그는 '반구천의 암각화'의 장소성과 축적, 빛의 암각화 요소에 관한 연구로 문화콘텐츠연합학회에서 최우수논문상 수상 및 인문콘텐츠학회에 게재되기도 했다.

"MASTERPIECES OF RENAISSANCE FRESCOES"
2010.09 "르네상스 시대 대표 프레스코화展" 아주미술관 공식 허가 촬영,
메디치문화 대표 박윤종